サルバドールの朝

鉄環処刑された一アナキスト青年の物語

フランセスク・エスクリバーノ＝著
潤田順一＝訳

現代企画室

目次

始める前に　5
第1章　八時　7
第2章　一〇時　27
第3章　M-Lの六人　49
第4章　初めての流血　77
第5章　フランシスコ・アングアス　105
第6章　一二条　127
第7章　軍事裁判　167
第8章　九時四〇分　201
そして、その後　227
訳者あとがき　239

Cuenta Atrás : La historia de Salvador Puig Antich
Francesc Escribano
Ediciones Península, Barcelona. 2001

This book is published in Japan by arrangement with
Francesc Escribano through
Pontas Copyright Agency, S.L., Barcelona

Japanese edition

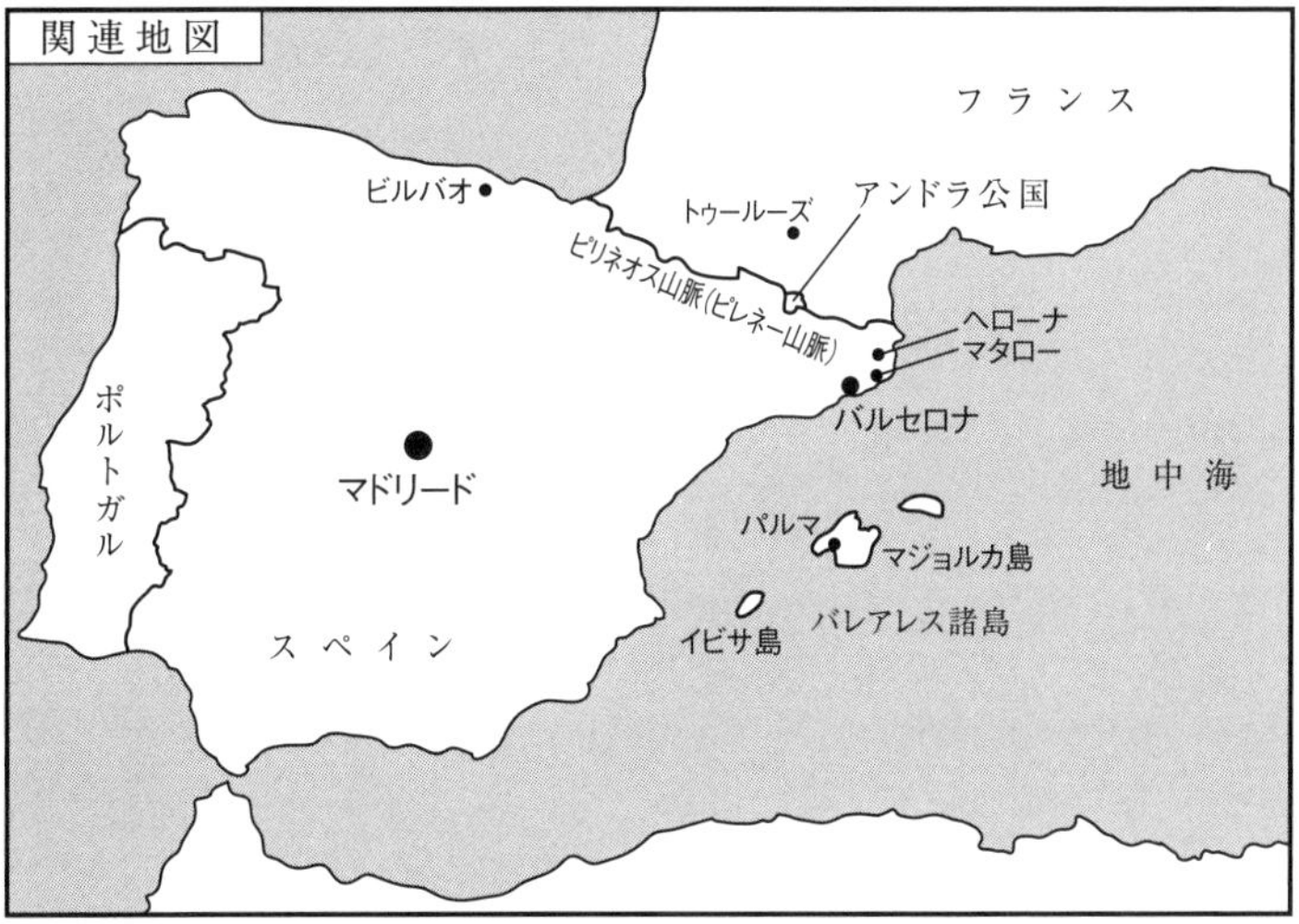
関連地図
フランス
ビルバオ
トゥールーズ
アンドラ公国
ピリネオス山脈（ピレネー山脈）
ヘローナ
マタロー
バルセロナ
ポルトガル
マドリード
地中海
パルマ
マジョルカ島
イビサ島
バレアレス諸島
スペイン

訳注について。

短いものは、該当することばの後ろに［　］で括って入れた。

長いものは、該当箇所のある見開き頁の左端に記した。

始める前に

サルバドール・プッチ・アンティックが殺された日、私はまだ一五歳だった。あの日のことは私の記憶に強く焼きつけられた。それは私だけのことではなかった。あのニュースの衝撃はあまりに大きく、今でも多くの人が、バルセロナのモデロ刑務所で二五歳の若者が処刑されたということを知ったにがい思い出と、あの日、自分は何をしていたかということを重ね合わせて、はっきりと思い出せるほどだ。あの日、ほかの多くの人と同様に、私も怒りを感じた。私は何度も自問した。だが、なぜフランコ体制がそんな残酷な決断をしたのか、それは私の理解を絶することだった。

一九八九年、サルバドールの没後一五周年の少し前、私は答えを探すことに決めた。私はテレビのドキュメンタリーを制作するためにそれを実行した。二ヵ月にわたって、あの出来事に直接関わった人びとに話を聞いた。家族、友人、仲間、刑務所の看守、弁護士……。そのとき行なった調査は、この本のもととなる資料の出所のひとつになった。

年月が過ぎても、毎年、マスコミ報道で彼の命日が思い出されていた。習慣的に、毎年二月の末になると記念日欄がある新聞や出版物でそれを捜した。しかし、年ごとに、事件を思い出させる記事を見つけるのは難しくなってきた。唯一、彼の家族や友人たちの粘り強い活動、彼らが組織する行動を通して、サルバドールの記憶はまだ生き続けている。

少し前、大学のあるクラスで、私はこの事件について話そうとしたが、大半の学生はサルバドール・プッチ・アンティックが誰であったのか知らなかった。これが私に再び彼の家族、友人、弁護士たちに会いに行く決断をさせた。今も終わらないその歴史を可能な限り詳細に説明するために。これはバルセロナで、とある金曜日の午後に始まった物語である。

第一章　八時

部屋は薄暗くて、寒くて、殺風景だった。軍人は立ったまま、とても入念にアイロンがかけられて、椅子の上に掛けられた制服を見つめていた。それは一九七四年三月一日で、バルセロナの軍事政府の時計では午後八時を何分か回ったところだった。その軍人は陸軍中佐で、五〇歳を少し越えた、髪の毛は剃刀でとても短く刈り上げられて、かつて流行したことがある細い口ひげを生やしていた。彼は完璧に心得ている儀礼のために服を着始めた。優美でゆったりとした仕草だった。まず、十分に時間をかけて一つひとつのボタンをとめながらシャツを着て、それからネクタイを締めた。そして最後に上着だ。男は鏡の前に立って服を着ている間、自分自身への満足と賞賛の気持ちが入り混じった、引きつった笑いを抑えることができなかった。それは、彼の顔からくる気取った厳めしさとは相容れなかった。彼は上着の裾を強く二度引っ張って体にぴったりと合わせた。上着は勲章と金色のボタンで覆われていて、まばゆいほどにきらきらと輝き、部屋の空間を明るく照らすほどだった。その金属のきらめきは一人の軍人の経歴と、犠牲と献身の人生を凝縮していた。遠い過去には、彼を尊敬に値する人間、尊敬される人間にするはずだった教職を諦めさせ、新しい職業に就かせることになった喪失の時代、空腹の時期があった。彼の典礼服はサーベルと、てっぺんが平らで星が二つ付いた士官帽と一体になって、すきのない毅然としたものになっていた。彼は最後にもう一度鏡を見て、とても厳粛な表情を強調して、悲しみや哀れみの感情が顔に出てしまうことのないようにした。

陸軍中佐のネメシオ・アルバレスは、しなければならないことをするときに典礼服が必要不可欠なものであることを知っていて、忠実に軍規に従ってそれを身につけた。彼は軍人らしい威風堂々とした空気を漂わせ、自分に自信を持って、これから実施する手続きの重要性を十分に理解して、部屋を出た。彼は自分の事務室に向かい、そこで助手から儀礼的に敬礼を受けた。

「なおれ」と、彼は助手の顔を見ないまま言い、「弁護士につないでくれ」と命令した。助手は受話器をとって、暗記していた番号を回し、出た相手がアラウ氏かどうか尋ねた。そして確認すると、受話器を中佐に渡した。

「八時半に刑務所に出頭してくれ。三十分以内にだ」と、感情を殺した声で、命令口調で言った。受話器を通して、弁護士が質問して、言い訳を考え出し、説明を求めていたのが聞こえた。しかし、彼は平然とした態度で、できるだけ早く刑務所に来なくてはならないということだけを伝えて、電話を切った。

私がサルバドール・プッチ・アンティックの家族と初めて連絡を取ったのは数年前のことだった。いつのことだったか正確には思い出せないが、彼の命日を記念した日の数ヵ月前のことだったのを覚えている。私が初めに会ったのは彼の妹のカルマだった。私の申し出は彼女を驚かせることはなかった。「三月が近づいてくると記者の方たちが電話してくるんです」と彼女は言った。彼女に、体験したことを思い出してもらうことは簡単だとは思っていなかったが、そうした彼女の感情の裏側には、何が起こったのかを決して忘れてはならないという確固とした意思がはっきりと存在していた。「とても強烈でした。あれはとても強烈なことでした」。それが彼女の初めての言葉だった。まるで司祭と会衆が交互に交わす連続の祈りの言葉のような響きだった。もちろん、たとえ忘れようとしても、彼女は一九七四年三月一日のあの金曜日の夜に体験したことを忘れることはできないだろう。

カルマにとって金曜日は呪われた日だった。できるだけ早く過ぎ去ってくれるのが最善だった。家族全員がそう思っていた。土曜日がこないと落ち着いて息もできない。以前はプッチ・アンティック家の人びともバルセロナによくある中流の、伝統的カトリックの、かつての共和主義者の家族のひとつだった。一九七四年初め、彼らは六人兄弟だった。一番上が二九歳のキムで、アメリカ合州国で医者をしていた。次にインマが二七歳。彼女もすでに独立して夫のペップとバルセロナのアパートに住んでいた。三人目がサルバドールだった。彼は二五歳で、かなり前から実家を離れて生活し、いつもとても心配をかけていた。あのころは彼だけが例外ではなかった。他はみんな独身の妹たちで、販売代理人で六〇歳になる父親のジョアキムと一緒に住んでいた。というのも、母親が一年とちょっと前に亡くなっていたからだ。家にはカルマのほか、二二歳のモンセ、一三歳のメルソナがいた。

カルマは同じような年頃のほかの女性とほとんど違ったところはなかった。美しい顔立ちで、背は余り高くなかった。彼女の外見で一番目を引くのは栗色の長くてカールした髪の毛と、自らが関心を持っていたすべてのことに固い信念のようなものを感じさせる力強い目だった。何ものもその目から逃れることはできないように思えた。カルマは二〇歳だった。バルセロナの六〇年代中頃、もしあなたが二十歳の若者だったら、生きることに夢中で、発見することがいっぱいあって、怒りを感じることがたくさんあって、それを表現できる可能性もたくさんあった。そして、同じようなことを考えているいい友達がいて、その仲間たちが唯一無二のものであり、真実に満ち溢れているものだという安心感を抱かせてくれた。あの時代、バルセロナでは、そしてスペインのほかの地域でも、容赦のない独裁政治が布かれ、事実上、四〇年もそれが続いていた。カルマや、独裁政治に対して抵抗運動していた人たち、または、単に反対の立場をとっていた人たちは、みんな自分たちの考えにこそ道理と未来があると信じていたにもかかわらず、あの体制があと四〇年続き、きっと、フランコ[*1]は決して死なないと思っていた。それでも、もしあなたが二〇歳の若者だったら、バルセロナは生活するには世界で最も素晴らしい都市だった。最も理想的な考えがいつか現実になると実際に信じられる、また信じさせてくれる場所だった。同時にそこは、自らを危険に晒し、いろいろな冒険もできて、通りで出くわすあらゆる警官の顔に敵意を見る場所だった。カルマは言う。

「私の兄の事件が起こる前、私は警官を違う目で見ていました」とカルマは言った。「以前は怖かったし、もっと敬意を持っていました。起こっていたことのすべての結果として彼らに恐怖心を感じることはなくなりました。兄が逮捕されてから私は何度も何度も彼らと対立してきました。彼らに大声を上げたり、侮辱にちかいようなこともしましたが、彼らは私に何もできませんでした。実際、よく考えてみると、彼らが私にできることは何があるのでしょうか」

あの金曜日はまったく何事も起こらないかのようで、だからこそカルマは、変なことを考えないで

*1　フランシスコ・フランコ＝イ＝バアモンデ（1892〜1975）。一九三六年、成立した人民戦線政府に対する軍事クーデタを起こした反乱軍を主導し、共和国軍との内戦を戦い抜いて、三九年には全土に実効的支配権を確立した。以後、第二次世界大戦期と戦後冷戦期を通して強固なる独裁体制を敷き、死を迎える直前まで「国家元首」の地位にあった。

いいように、フィルム・ライブラリーに行くことを決めた。たとえ上映されている映画にまったく目をやることがなかったとしても。カルマはあの日のことを思い出す。

「私は入場する前、家に電話して自分がどこにいるのか、そして、万が一のためにフィルム・ライブラリーの電話番号を教えた。そして会場の案内係には、たぶん私に電話があると思うので、そのときは教えてほしいとお願いしたのです」

いつからか、姉妹は何があっても驚かないように、電話の前でいつも誰かが番をするようにしていた。あの日の午後、家には、父親とモンセとメルソナがいた。みんなが恐れていたことが起こるとしたら、あのような日しかなかった。時刻は八時一五分だった。電話がしつこく鳴った。モンセが不安そうに受話器をとったが、その電話がカルマからのものではないことはわかっていた。彼女は映画館にいたし、終わって出てくるには早すぎた。不安は的中した。それは弁護士からだった。

オリオール・アラウは弁護士で家族の友人だった。彼は、姉妹を除けばあの日の夜に起こったことを一番よく知っている人物だった。オリオール・アラウは一九九〇年に亡くなった。私が彼に会ったのはその一年前だった。すでに彼が自分の病気のことを知っていたかどうかはわからないが、思い出すのは、彼とは事件を思い起こすために長いインタビューを行ったという関係だったが、大げさではなく、彼が何かを超越したような雰囲気を漂わせていたことだ。以前、彼はあの体験についてあまり多くは話さなかったが、私が彼と接触した日々は例外だった。彼は思い出す。あの日の午後、自分はいるべきだったところにいたのだということを。

オリオールは金曜日の午後に事務所にいないようにしていた。電話に出るために、仲間の誰か、パコかジュアンジョがいてくれればいいと思っていた。あの時期、外見から言うと、オリオールは当時流行していた音楽、プロテスト・ソングを歌うあるグループのメンバーに似ていた。彼は背が高く、身なりを気にしない人で、髪は肩まで伸び、長い口ひげと、濃いあごひげを生やしていた。そして、ほとんど強迫観念に襲われているかのようにたくさんタバコを吸った。少し前に法律の勉強を終え、ある期間、公証人事務所の職員として働き、もう一人の若い弁護士、パコ・カミナールと共同で事務所を構えるために十分なお金を貯めた。彼の事務所はグラン・ビアとジローナの角にあった。始めたばかりのほかの弁護士と同様、そんなにたくさん依頼人がいたわけではなかった。彼に依頼される事件の多くは友人や知人の紹介だった。彼はカルマのとてもいい友達だったので、彼女の兄のサルバドールの事件を担当していた。そして、その同じ理由で、あの金曜日は電話をとる人になりたくなかった。

すでに悪い予兆があった。午後、あまり遅くない時間に、ある人が彼に、その夜はウルタイン[*2]の試合が中継されると言った。それが生放送されることも、新聞がそれについて何も書いていなかったことも、普通ではなかった。そんな状況から彼は確信していた。数ヵ月前から彼の事務所ではあらゆる新聞を買って、それを細かく分析していた。新聞は試合放送のことを何も報道していなかった。そこから判断して、それは突然組まれた試合だった。そして、すべての前兆は、その電話のしつこい呼び

＊2　ホセ・ウルタイン。連続ＫＯ勝利三〇試合を誇るスペイン人ボクサー。

出し音で現実だったことが確認されたのだ。事務所に一人でいたオリオールは、電話に出るべきかどうか一瞬迷った。その電話は軍事政府からで、事件の予審判事として任務に就いていた陸軍中佐からだった。オリオールは彼に、八時半に刑務所に着くのは不可能だろう、一〇時までに着くのも難しいと伝え、もっと早くそちらに着かなくてはならないのなら誰か迎えによこしてほしいと言った。オリオールはその時のことを思い返した。

「まず初めにしたことは、彼の妹たちに電話することでした。彼女たちは、いつも金曜日は午後七時までなら居場所が分かるようにしていたのですが、もう連絡をとるのは難しいだろうと思いました。すでにその時間は過ぎていて、彼女たちはもう何も起こらないと思っていたはずです。私は誰も考え付かないようなすごい大騒ぎをやってやろうと対抗策を頭の中で準備しました。彼女たちにこのことを知らせ、刑務所に行って、彼らがお兄さんを殺すのを止めさせるようにしなくてはならないと思ったのです。幸運にも、家にいたモンセと連絡がとれました。私は刑務所で判事に会う前に、弁護士会に行ってみんなに出動してもらおうと思っていたので、彼女には姉や妹たちを探しに行くよう言いました」

まだ夜の九時になっていなかったが、モデロ刑務所の管理本部はテレビを消すよう、そしてテレビを見る特権のあった囚人たちは独房に戻るように命令された。静寂がいつもより三十分早く刑務所を支配することになった。さらに本部は建物の監視を強化するように命令を受けており、その日は、勤務に就いていていない職員も全員を招集してそれに協力させるように指示されていた。こうした措置は、もうだいぶ前に模範的《モデリコ》ではなくなった刑務所施設＝モデロを麻痺させていた千七百人の囚人たちに何の不安も疑いも抱かせることはなかった。

決まった時間がくる前に消灯させられることはそんなに珍しいことではなかったので、サルバドール・プッチ・アンティックを不安がらせることもなかった。彼は第五歩廊の孤立した独房に監禁されていた。それは非常に狭い空間で、彼の孤独は、読むことが認められたわずかな本にしか避難場所を見出せないでいた。本の数は二十冊を越えていなかった。ほとんどが哲学や心理学の本で、ギリシャ語とラテン語の辞書や、映画に関する本もあった。彼が部屋に持っていたのは、例えば、ジグムント・フロイトの『精神分析入門』や三巻からなる『夢判断』、カルロス・カスティージャ・デル・ピノの『孤立』、マルセル・プルーストの『消え去ったアルベルティーヌ』、そして『新しい映画の問題』といった本や『エネイーダ』『イリアス』のような古典だった。本のほかに彼が情熱を注いでいたものには映画があったが、それは、あの独房では頼んでみることも、期待することもなかった。地下潜伏や監獄生活が何ヵ月か続いていて、彼は最後に見た映画もほとんど思い出せなかった。刑務所で過ごしたこの間は、読むことと書くことだけが唯一の楽しみだった。彼には読書と文章を書くことが、部屋をぐるぐる回りながら気が狂ってしまわないために、そして自分がここに連れてこられた理由をあれこれ考えないでいるために、どうしても必要なものになっていた。

サルバドールはあと二ヵ月で二六歳になるところだった。彼はとても痩せていてた。刑務所での生活や、これまでに起こったすべてのことが原因で、彼はずいぶんと体重を減らしていた。しかし、彼が発散させていた生命感は衰えることがなかった。それは彼の大きく丸い目と、とても黒くて艶のいい髪の毛から来る印象なのかもしれない。あの若者には何か隠された本質があって、反抗的で決然としたまなざしにはっきりとそれを感じ取ることができた。

あの夜、彼は眠気を誘うためにベッドに体を横たえることすらなかった。静かにするように伝えられて数分後、サルバドールの独房に一人の看守が入ってきて、服を着て彼と一緒に行く準備をしろと言った。その役人はサルバドールを監獄の特別室に連れて行くように命令されていたが、その理由をサルバドールに言うことはできなかった。

閣議は毎週金曜日に開かれて、フランコが議長を務めていた。彼は総統と呼ばれ、身体機能が低下した八一歳の男だった。少し前から痙攣のような不自然な動きがあって、パーキンソン病の症状が顕著だった。口元は絶え間ないあくびの震えを抑えることができず、目元は涙に濡れ、サングラスの背後に隠されていた。フランコの健康状態は、会議が長引くことを許さなかった。あの金曜日も例外ではなかった。閣議は正午に始まり、正午に終わった。通常、情報相は午後の初めの時間に記者会見を開き、閣議決定された主な事項を発表した。しかし、あの日はもっと遅く、それは夜の九時を過ぎており、さらには閣議の結果も公表されなかった。記者会見が行なわれた部屋は記者でいっぱいだった。あの時代のスペインの大手メディアの記者はほとんどが出席していて、多くの外国からの特派員も来ていた。普段から出席している者たちは、はっきりと二つのグループに分けられていた。一方には保守的な記者たち、つまり『ヤー』紙のゴンサレス・ムニスや『ABC』のケサダ、『ピレサ』のビセンテ・セブリアンなどがおり、他方には体制により批判的な姿勢をとり続け、ときどき厄介な質問をする人たちだ。その中にはミゲル・アンヘル・アギラール、ロレンソ・コントレラス、ラモン・ピー、ペペ・オネトがいた。

そして、あの夜の会見にいた記者の一人、ペペ・オネトはこう説明する。

「あの定例記者会見では、閣議の布告を読み始める前にコニャックかアニスが入ったグラスを勧められて、情報観光省の銘柄帯が巻かれた葉巻がプレゼントされるのが常でした。それは担当相のピオ・カバニジャスが守り続けた伝統で、カバニジャスは私たちがより強く共感を持つ閣僚でした。彼は改革主義者で、この会見を改善するいくつかの変革も導入しました。この時期は、以前とは違って閣議の決定をすべて読み上げることはなく、記者たちは質問することができました。思い出すのは、あの夜、そこに醸しだされていた雰囲気が強い緊張に満ちていたことです。カレーロ・ブランコ首相[*3]がＥＴＡ[*4]のテロで暗殺されたあと、体制側から厳しいリアクションがあると予想されていて、私たちはプッチ・アンティックが死刑を宣告されていたのを知っていました。みんながそれに関する知らせを恐れていたのです」

＊3　一九七三年六月、フランコは自らが国家元首と首相とを兼任する長年にわたった独裁体制に終止符を打ち、側近ナンバーワンであった副首相カレーロ・ブランコに首相職を譲ったが、その六ヵ月後、ブランコは殺害された。

＊4　民族意識の強いバスク地方で一九五九年に結成された独立運動組織「バスク祖国と自由」の略称。政治路線と行動方針をめぐって常に内部分裂を抱えていたが、一九六〇年代以降、テロリズムを方針化したグループは、激しい行動を繰り広げていた。彼らはカレーロ・ブランコがフランコ体制をそのまま引き継ぐと捉え、ミサ帰りのブランコが乗る車を爆破したのだった。

九時半、テレビはウルタインの試合の中継をしていた。情報相のピオ・カバニジャスはプレスを前に、スペインの王子たちがフィリピンとサウディアラビアを訪問したばかりだったので、この旅行がもたらした外交的成果について話し、会見を始めようとした。少し逸脱があったのち、ガソリン価格がリッター当たり一三・五ペセタから一六ペセタの範囲で上昇したことを知らせ、最後に、記者の質問に答えて、それは多くの記者が恐れていたことについてだったが、政府が《承認》を与えたこと、つまり、サルバドール・プッチ・アンティックとポーランド国民であるハインツ・チェズに下った二つの死刑判決に《承認》の態度をとったということを確認した。一方では、その同じ政府が、アントニオ・フランコ・マルティンに下された死刑判決に対しては寛大な姿勢を見せていた。彼は背後から冷静に上官を殺した治安警備隊員だったが、恩赦が与えられた。大臣の言葉はすぐに記者たちに特別な関心を呼び起こした。彼らの顔には驚きと不信感が隠せないでいた。長年、スペインでは政治犯に死刑は適用されてこなかった。

「この決定が引き起こす国際的な反響について考慮しましたか」と、会見の部屋にいた外国人特派員の一人で、いつも挑発的で厄介な質問をすることで目立っていたオランダ人記者、ファン・ベメレンが質問した。

「司法の決定は基本的に司法の決定です」とカバニジャスは答えた。「司法が任務を遂行するとき、外部からの制約によって影響されることは見逃すことはできません。もしそうであったら、私たちは文明化されてない国に住んでいることになりますから」

その決定は、政府の構成員全員で集団的方法で下された。それゆえ「どんな小さな意見の相違も公にすることはできません」とされた。その会議の参加者の一人がのちに打ち明けた話しによると、その一件では内閣構成員の間に存在する《国家と連帯の意識》が勝利したという。フランコはそのような重要な決定を下す前、ブルゴスの軍事裁判[*5]の死刑囚の恩赦のときもそうであったように、閣僚の意見を打診していた。ブルゴスの軍事裁判では、国内外の圧力を前に、多くの閣僚が処刑しないように進言した。

政府が決定を公表しようとしていたとき、予審判事は典礼服を着て刑務所の入り口で待っていた。彼は落ち着きがなかった。彼には警官と看守の一団、そして刑務所長のアルバロ・デ・トカ、政治警察の総司令官で、かつてバルセロナの秘密警察の最高責任者だったフリアン・ヒル・メサスが同行していた。彼らは弁護人の立会いなくしては何も手続きを進められなかった。オリオールは電話で言ったように、一時間遅れて着いた。それは一〇時一五分前くらいであった。この事件で彼を助けていた弁護士のヘスス・デ・コンドミネスが彼に同行していた。公式には誰も彼に召喚の理由を伝えておらず、判事も電話でそれ以上のことを言おうとしなかったが、彼はその点に関して多くの疑問を持たず、ただ最悪の事態を恐れていた。閣議の決定のニュースがマドリードで公にされていた、まさにあのと

＊5　ETA（バスク祖国と自由）は、一九六〇年代に入ってからの武装闘争によって逮捕された大勢の獄中者を抱えていた。一九七〇年一二月、ブルゴスで開かれた軍事裁判で、六人のETA活動家に対して死刑が宣告されると、バスク地方のみならず、スペイン全土および世界の各方面から激しい抗議運動が起こった。判決の二日後、フランコは死刑を無期懲役に「減刑」すると発表した。フランコ独裁体制は、この時点ですでに、かつてのような強硬策を採ることはできなくなっていた。

き、バルセロナでは、モデロ刑務所に隣接する通りは全く人気《ひとけ》がなかった。

「もう来るころだと思っていました」

軍人が歓迎している雰囲気で彼に突然声をかけた。

「何があったのですか？」

オリオールはとっさに反応した。

「政府は《承認》を与えたのですか。ありえないことだ。信じられない。あってはならないことです……」

軍人はあえて彼に返事をしなかった。これは災難だといった顔をして、彼にタイプライターで打たれた書類を何枚か示した。それは判決文だった。お互いに目を合わせたが、一瞬、その軍人を守っていた隙のない堂々とした威厳のよろいに、亀裂が入ったように見えた。彼は若い弁護士の視線を受け続けることができなかった。

「あなたは既決囚にこの通達を伝えるとき立ち会わなくてはならない」

軍人は地面に視線を落とし、ガラスのような目をして、しわがれた声で言った。

一行は、刑務所の鉄格子の門の背後に続く迷路のような通路を移動し始めた。明かりは弱くて、ほんのわずかだったが、その人たちの一団が形作る影を、奇妙で威嚇的な形に変えて、巨大なものにしていた。一行が作り出す不気味な光景は、足音とかんぬき錠を掛ける音の金属的な反響とともに増幅されていった。誰もが無言だった。ついに、一行はサルバドールが待つ場所に到着した。彼らはサルバドールを子どもの部屋に入れていた。それは小さな部屋で、弁護士会の人たちの面会室の隣にあって、囚人の家族が面会をしているとき、その子どもたちが待っていたり、遊んでいるところだ。サルバドールは、手錠はかけられていなかったが、四人の看守に囲まれていた。

全員が部屋に入りたがり、少しの間、混乱があった。モデロ刑務所では三〇年間このような事態を経験したことがなかった。誰も何をしたらいいのか分からなかったが、誰が命令するのかははっきりとしていた。オリオールはさらに多くの時間が過ぎていくよう、その混乱をうまく利用した。判決は被告人に公式に通知されてから一二時間が経たないと有効にならなかったので、彼は通知を遅らせることを目的に、秘密警察の長官と議論を始めた。長官はそこで何もすることがなかったので、オリオールは彼に部屋を出るようにお願いした。秘密警察の長官は取り乱してオリオールを侮辱し始めた。中佐は介入する義務があるように思った。初め、彼の言葉は警察官たちに何の効果もなかったので、そこ以外ではどこでやっても悲喜劇になってしまいかねないある行動に出た。彼はサーベルを抜いて自分の権威を示し、警察官やその他の野次馬たちに部屋から出て行かせた。そのあと、彼は判決文を取り出して、軍事法廷が決めているように被告人に対しそれを読む準備を整えた。彼は読み始める前にサルバドールをかなり長い時間見つめた。突然、中佐は弁護士に話しかけ、その文書を弁護士に渡し、彼はそれを読むことができないと言った。

「私に言ったんです。『私は彼にこの判決を読むほど価値のある人間ではない』と」

オリオール・アラウは目に怒りの火花を激しく散らして、そのことを思い返した。

「もちろん、彼にはそんな価値はありません。そして、私はそれを暗記しているので、本当はそんな必要なかったのですが、彼は私に判決文を渡してきました。あの判事はいつも私に対して行儀がよくて、あの時はとても苦しんでいたことを言っておく必要があります。私はあの予審判事のこと、ネメシオ・アルバレス陸軍中佐のことを話しているんです。私は他のどの軍人のこともほめることはありません。というのも、多くの軍人は私を手荒く扱い、ある軍人などはいつか追い出してやると言ったものです。私は判決文を握り、それをサルバドールに向かって読むことはせずに、彼を見て言いました。『いいかい、君に死刑判決が出て、政府はそれを《承認》したんだ。私たちに残された時間は一二時間だ。その間に、あらゆる手段を講じなくてはならない。これから、私は弁護士会に走って行って、恩赦を勝ち取る手続きをしようと思っている』。彼はそれを理解しました。だから彼はそのあと、夜をずっと辛い思いで過ごさなくてはならなかったことを言っておかなくてはなりません。あのとき、確かに彼はとても冷静だった。もちろん、不安な気分だっただろうが、取り乱すことはなかった。実際、彼はもうそれを予期していたのかもしれません」

サルバドールは、静まり返った刑務所の中を看守たちがやって来て、独房から彼を連れ出したとき、彼の恐れが現実になるということをすでに直観していた。いま彼に伝えられたばかりの知らせは、彼にとって何ら驚きではなかった。その時、彼にできることはひとつだった。フランコ体制が思い切って彼を殺すことがないようにと希望を持って一二時間を待つことだった。その瞬間に彼の頭をよぎったイメージや感情を想像することは難しい。心の中にゆっくりと、逮捕された日のこと、銃撃戦、軍法会議、刑務所で待った長い日々を再現したに違いない。自分がやったことを理由に自分が殺されるなんて不可能だと、彼には思えた。そんな状況は現実ではあり得ず、彼が主人公だなどということもあり得ないことだと思えたのだ。しかし、実際はその通りだったのだ。

オリオールはサルバドールの肩を掴んで、一つひとつ順々に、彼がやっている手続のすべてを、そして、それを急がなくてはならないと考えていることを一気に話した。オリオールはサルバドールに、自分は彼の姉妹のところに行って、彼女たちを刑務所に連れてくるので、彼を一人にしなくてはならないと言った。死刑囚は最後の時間を礼拝堂で、つまり、家族や弁護士と一緒にいられる特別な部屋で過ごさなくてはならない。判事は彼に公証人を連れてくる権利があること、そしてもし望むなら、遺言状を書くことも、聖職者を頼むこともできると告げた。サルバドールは不快な表情で誰も要らない、誰もよこさないで欲しいと答えた。唯一人、彼が反対を唱えない聖職者はサージェの学校時代の先生でもあるマネロ神父だった。彼を一人にする前、オリオールは何か他に必要なものはないか尋ねた。サルバドールは手紙を書くために紙とボールペンを頼んだ。

そのときのことをオリオール弁護士はこう語り出した。

「看守の初めの返事はこうでした。『ここにはボールペンも紙もない』。彼の名前は言ったら大変なことになるので言いたくありませんが、それはまるで今日のことのようにはっきりと覚えています。私は彼に、刑務所は自由を奪うためのところで、手紙を書かせない場所ではないだろうと言いました。看守はできないと繰り返し言っていましたが、幸運にも、再び判事が間に入ってきて、それを持ってきてあげなさい、できるだけ早くしてあげなさいと命令しました。私は彼に紙とボールペンが渡されるまで一緒にいて、それから刑務所を出て行きました」

その時間には、家族もニュースを知り、何をするべきか、サルバドールは何と言っていたか、彼の精神状態はどうだったかを知るために、刑務所を出てくる弁護士から再び電話がかかってくるのを待っていた。あと数分で午後一〇時だった。姉妹は全員家に集まっていた。カルマが最後に帰宅した。彼女たちはこの状況を父には話さないでおこうと決めた。そして、インマの夫、ペップに彼を家族が住むビラフランカに連れて行くように頼んだ。彼の家族がいて、迫り来る不安な時間を父親が少しでも苦しまないで済むようにと考えた場所だった。より多くの情報を求めてテレビとラジオをつけた。ウルタインの試合はまだ終わっていなかった。四人の姉妹は無理に口を開くこともなく、互いに見つめ合った。ただひたすらどうなるのか待っていた。メルソナを抱いたインマ、床に座り込んだカルマ、そして、視線が天井に釘付けになったモンセは、一年前に亡くなった母の守護者としての顔を捜そうとしていた。四人はその後の人生で忘れられなくなる夜を過ごす準備をしていた。彼女たちは、またサルバドールの近くで生きてきた人たちも、そこから続く時間を、彼に死刑判決が伝えられた瞬間から、最後の一秒が刻まれるまでの一分ごとを、自らの記憶に、また心に焼き付けることになる。それゆえ、四人の姉妹はどんなに年月が経過しても、特別な正確さであの夜起こったことをすべて思い出せるのだ。

「ただひとつ、どうしても耐えられないことは、彼が一人で過ごした時間です」

カルマは苦しい表情でそう告白する。

「オリオールが彼のもとを去り、私たちが刑務所に着くまでに経過した時間……。それを考えると私は悲嘆に暮れます……。彼の顔やいろいろなことを思い浮かべるので、頻繁にそれを思うのです。あの部屋でたった一人……。そんなこと、私は考えることもできません。恐ろしかったに違いありません」

あの部屋には、何時間か前まで、面会に来ていた囚人たちの家族の子どもたちが遊んでいたという痕跡は何ひとつなかった。オリオールが、サルバドールに約束したように、できる限りの手を尽くそうとその部屋を出て行って数分後、サルバドールは手紙を書き始めていた。ビラフランカにいる叔父たち宛にゆっくりと、一言ずつ考えながら、できるだけきれいな字を書こうとしていた。サルバドールは一人でいたのではなかった。四人の看守に警護されていた。彼らはサルバドールにスペイン語で手紙を書くように言った。それは刑務所の規則が命じていたように、検閲できるようにということだった。[*6]

＊6　バルセロナが位置するカタルーニャ地域は、スペイン内戦において、共和国派を支持する強力な地盤であった。フランコ政府は、これに復讐して、政治的な弾圧を加える一方、カタルーニャ地域の民俗芸能を禁止し、カタルーニャ語の出版を許さず、カタルーニャ語を公の場で使うことも禁じていた。

第2章　一〇時

「私がサルバドールを語りたいかどうかなんてもう訊かないで下さい。私は語りたくないのですから……」

インマの言葉は椅子に私を釘付けにする。二五年以上が経っているが、彼女の声の響きには、痛みが感じ取れた。インマは長女なので、実際はそうではないのに、家族の長として振舞わなければならず、耐える責任感をもって事件と向き合ってきた。彼女のその言葉を聞いてしまうと、私は質問を続けるべきか、コーヒーを飲み干してそれを忘れるべきかもう分からなかった。私たちは彼女が働いている保育園に隣接したバルにいる。彼女は仕事を終えたばかりで、私は彼女が経験してきた出来事、とくにあの金曜日の最後の夜に起こったことの詳細を私の中に再構成するため、彼女と待ち合わせた。

「何時間か前に起こったことのように、私はすべてを思い出せます」

灰色の濃い髪の毛の、目元を覆う前髪を脇に寄せながら、彼女はこう付け加えた。

「実際はよくわからないけど、私は成長しました。でも、思い出はますますひどく辛いものになって、むき出しになっています。痛みは、決して割れないビンの中の液体に混ざっている滓のようです。いつもそこにあるのです。私が動かさなければビンの底に静かに沈殿しています。でも、いったんビンが倒れると、思い出の痛みが体全体を満たします。ですから、私はサルバドールのことを話したくないのです。でも、それでも、私は自分がなすべきことはちゃんと分かっています」

弁護士のオリオールが、サルバドールに約束した通りできる限りのことをしようと刑務所を出たのは、その金曜の夜の一〇時だった。彼の命を助けるための持ち時間は一二時間だった。オリオールがやるべきことのまず一つ目は、サルバドールが一人でいる状況を終わらせることだった。彼は、監獄のあの汚い部屋の真ん中で、四人の看守に取り囲まれた若者のイメージを頭から払いのけることはできなかった。コンドミネスと掛けなくてはならない電話を打ち合わせて、同僚で友人のフランセスク・カミナールを弁護士会に行かせ、弁護委員会を動員するように指示した。そして、その間に、彼はプッチ・アンティックの家族がいる家まで移動した。街は人気がないように見えた。午後六時から、警察と軍隊は宿営地に入って待機し、デモの可能性に備えて、戦略的に重要な地点に、とくにモデロ刑務所の周辺に、警戒の特別部隊を出して街頭での存在感を強めていた。それは、市民のほとんどが家にいて、刑務所でサルバドール・プッチ・アンティックが自分の処刑までの時間を数えているなんて思ってもいないことを考慮すると、異常な措置だった。

姉妹は緊張に耐えられなかった。そして、父親に緊張が伝わらないように、オリオールをパス・ダ・ランサンヤンサ通り一番にある家の入り口のところで待つことにした。インマの夫、ペップはビラフランカに連れて行ってくれる車が到着するのを待ちながら、父親の傍に残った。オリオールが刑務所から到着したとき、彼らは、開いていたバルで家に一番近いところにあったエル・パライグェスに向かった。バルには四人の姉妹が座った。インマ、カルマ、モンセ、メルソナは、自分たちの人生で最も長い夜を過ごす準備をしていた。オリオールは彼女たちに、サルバドールがメルソナには来てほしくないと言っていたことを伝えた。彼女はまだ小さく、一三歳で、サルバドールは彼女を本当に愛してやまなかった。もし彼が冷静さを失いたくないと思っていたら、刑務所へ彼女が来ることは、耐え難かったのだろう。現在は心理療法士で三人の子供の母親であり、ラ・ガロッチャ地区の古い農家に住んでいるメルソナは、あの時のことを思い出す。

「オリオールは、サルバドールから、私に何も言わず、知らせを秘密にしておくように言われたと言ってました。でもそれは不可能でした。私はすべてを知っていました。ですから、私を刑務所に行かせないと聞いてがっかりしました。姉たちは私を、父とビラフランカに行かせようとしました。でも、私は拒否しました。結局、私は何人かの友達とあの夜を過ごすことになりました。私は刑務所に行きたかった。あの夜、姉たちと一緒に行けなかったことは、死ぬまで消えない傷跡を残しました」

姉妹たちが刑務所に向かっているとき、サルバドールは別れの手紙を書き続けていた。ビラフランカの叔父たちに宛てた手紙を書き終えると、今度は最後の何ヵ月か付き合った女性、マルガリーダに書き始めた。彼を見張っていた看守の中に、モデロ刑務所で働き始めて間もないナバラ出身の若者、ヘスス・イルーレがいた。彼は第五歩廊の勤務を命じられていて、サルバドールと友だちになっていた。ヘススはその部屋にいた軍人の予審判事と話した。スペイン語で手紙を書くという、サルバドールが刑務所にいた間ずっと従ってきた規則をここでも守らせようとする看守たちに対し、サルバドールが最後の文を彼自身の言語、つまりカタルーニャ語で書けるようにとりなしてくれないかと頼んだのだった。

親愛なるマルガ

ぼくたちはまた離れなくてはならない、今度はたぶん永遠に。理解できない言葉遣いをする男たちが言うことには、報復の空気が満ちている。大事なことは、誰も心は引き裂けないということ。

きみは分かってくれるだろう、言いたいことのすべてをきみに伝えるのはとても難しいっていうことを。言葉が出てこない。

元気を出してくれ、愛しい人。これはきみにとって強い痛手だろうけど、ぼくは少しずつきみが人間として強くなっていくことを疑っていない。

きみを好きな

サルバドール・プッチ

体に気をつけて、そして無政府へ！

最後に書いた手紙は、バルセロナにいなかった兄のキム宛だった。彼は精神科医としてアメリカ合州国で働いており、そこに妻のリーと娘のミシェルと暮らしていた。あの夜、彼が書いた手紙の中で一番長く、レオ・フェレーの歌詞が初めに添えられていた。

《私は風の悲しみを歌に込めます》

この二人の兄弟の間には、サルバドールの性格や人格を形成する過程で決定的な役割を果たした特別な関係が存在していた。

それゆえ、彼の怒りの根源や彼が刑務所に入れられ死刑判決を受けるに至った経緯を理解するには、多くの年月を過去に遡っていかなくてはならない。サルバドールは何者だったのか、なぜあのように行動したのかを理解するには、彼のこれまでの人生をより詳細に知らなくてはならない。そして、手始めに、彼が育った家庭環境がどのようなものだったのか掘り起こしていかなくてはならない。

サルバドール・プッチ・アンティックは、一九四八年五月三〇日にバルセロナで生まれた。彼の姉妹と、彼の子ども時代を知る人びとは、彼の性格の特徴面を語るとき、奇妙に完全に一致する。

「彼は典型的な腕白少年でした。かなり乱暴な子でした」

明るい性格のモンセ・プッチはこう説明した。彼女は、他の姉妹が太鼓判を押すほどに家族で最も正確な記憶を持っている。そして、一緒に暮らした子ども時代について語るのを一番楽しんでいる。彼女は当時の記憶をたどる。

「かつて、通りのガラスを割ったことで、市の警察官が彼を捜しに家にあがってきたこともありました。とてもひどい子どもでした。彼は自転車に乗ることをおぼえると、次の日は腕ももぎれて歯もなくなっているといった、典型的な腕白な子どもでした。いつも膝が擦り剥け、傷だらけで、私たちの母はいつも彼に、あの時代にとても人気があったキズ薬、リニトゥルを塗っていたのを思い出します」

モンセは、兄が、子どもの無謀さの勲章として、いっぱい傷をつくって帰ってきた遊びのことをどれだけ語っても、決して飽きることがない感じだ。モンセの目は、あの時代を思い起こすと強く輝き、母親の顔を思い出すときは特別なまなざしになった。たぶん、時が思い出に甘味を加えたのだろうが、サルバドールの描写に姉妹が見せる偶然の一致は、母親のインマクラーダ・アンティックの姿を描写するときにも起こった。モンセは母親のことを細かくこう描写した。

「彼女はとても行動的な女性で、その時代にしては進歩的でした。いつも、何かの行動に首を突っ込んでいて、ピアノを弾き、家族の誰かが主役となる芝居の上演を組織したり、介助団体の代表をして、身体障害者たちの世話をする組織と協力していました。それに、女友達との勉強会を開いていた時期もありました」

インマクラーダの外交的で明るい気質は、彼女の子どもたちの教育に影響を与えていただけでなく、一家の長、夫ジョアキムの性格と非常に好対照をなしていた。彼は戦争で癒しがたい傷を負った男だった。彼は敗北者だった。一九三六年以前は、夢や計画をいっぱい抱えた行動的な若者で、医師になりたいと思っていて、アクシオン・カタラーナ[*1]でも熱心に活動していた……。しかし、戦争がその若者の元気と快活さの灯を消した。医学の勉強を断念し、薬品の販売代理人の勤めに順応しなくてはならなかった。彼の政治的野心は達成されず、ひとたび戦争が終わっても、その鮮烈な経験からくるトラウマを克服することがどうしてもできなかった。ジョアキムはアーゲルの難民キャンプで数ヵ月過ごし、カタルーニャに戻ってきたとき、監獄に放り込まれ、裁判にかけられ、死刑を宣告された。しかし、最後の最後で彼は助かり、幸運なことに恩赦を与えられた。しかし、何時間か強烈な恐怖の

＊1　カタルーニャ語でアクシオ・カタラ。カタルーニャ復興をめざす政党。

時間を体験し、それは永遠に彼の記憶と肌に刻印された。たぶん、その恐怖と挫折の経験は、のちに彼の息子が体験するものにとても似ていた。そして、この体験は、この親子を互いに近づかせることに役立つことはなく、反対の効果を生み出して、決定的に彼らを引き裂いていったのだった。

「一度母に、パパとどう暮らしたらいいのか分からないって言ったことがあります」と、モンセ・プッチは話した。

「すると母は、『私は一人の男に恋したけど、戦争が終わるとその男は別人になっていた』と言うんです。でも、二人は互いにすごく好きでいたし、ママもパパを好きじゃなくなったということではないんです。でも、私の父は、戦争のあと、それまでとは違う人間になってしまったんです」

彼らの父親が彼らに残したさまざまな痕跡は、サルバドール自身によってこう書かれている。二〇歳になるちょっと前、彼は個人的な日記に伝記的なまとめを簡潔に書いた。彼に影響を与えていた当時のイデオロギーの視点から書かれたものであるが、それが家族の歴史を映し出している。

《ぼくは進歩派の、キリスト教的で、ブルジョア的なイデオロギーの家庭に生まれた。ぼくの両親と呼ばれていたその家の人たちは、彼らが受けてきた教育をぼくにも受けさせようとした。両親というより、ぼくの母と言った方がいいが、うちの家庭はずっと昔から母親支配だった。彼女の教育には次のような原則があった。

・キリスト教教育百パーセント。

・ぼくの人生の夢を壊すかもしれないものは、すべてぼくから隠す。つまり、彼らがぼくにとって好ましいと思うような世界だけを見せる。人生のいい面だけを紹介して、一言で言うなら、現実をできる限りぼくから隠そうとする。幼いころ、ぼくは母と祖母のスカートにまとわり付いて過ごしてきた。ぼくの父親はぼくの人生にほとんど、またはまったく影響を与えなかった。つまり、彼とぼくとは完璧に交信不能の状態に陥っていた》

サルバドールの幼少期のさまざまな態度や素行は、父親の無関心や兄ジョアキムの存在が彼に及ぼした影響から生じた直接的な結果である。たぶん、もっと正確を期するなら、間接的な影響についても話さなくてはならない。なぜなら、サルバドールは、彼にとってはまさに正反対の性格をした兄の航跡のもとに成長した。兄ジョアキムは、勉強がよくでき、規律正しく、思慮深く、人生を勝ち抜くための自我も十分に注入されていた。父親の関心や偏愛が長男に向かうのは決して珍しいことではない。

二人が通った学校であるサージェ・ボナノバの教師たちがとった態度も同じだった。この学校に子どもたちを入れた選択は両親にとって経済的な犠牲があったと想像できる。しかし、彼らがそうしたのはこの学校に権威があったからだ。サルバドールはどの学年でも、対等になるなんて不可能であった兄との比較に辛い思いをした。ある日、まだ一二歳の誕生日を迎える前だったが、サルバドールの反抗的で反体制的な気質が爆発した。

カルマはこんな思い出を話した。

「私たちの両親はあの事件で困ってしまいました。あれは家族にとってまさに衝撃的でした。あの当時、サージェ・ボナノバでは生徒たちが、貧乏な家の子どもたちとお金持ちの家の子どもたちで分けられていたのです。サルバドールは貧乏な子どもたちのクラスに通っていました。そして、そのクラスには少し勉強の遅れた子どもがいて、その子は他の生徒のリズムについていくのが大変でした。で、ある日、先生の一人が彼にいらいらして、彼に怒鳴ったのです。彼に馬鹿だと言いました。サルバドールは我慢できず、椅子から立ち上がってその先生を殴ってしまいました。先生にパンチを見舞ったのです」

そのパンチは即座に学校から追放という事態を引き起こした。まだ学期の途中であったため、他の学校へ入学することもできず、結局、彼はポンページャ教会にあるカプチーノス修道会付属の少年聖歌隊の学校でその学年を終えることになった。それは母親のインマクラーダが、彼が勉強する習慣を失ってしまわないようにと考え出した苦肉の策だった。生徒たちは貧しい家庭の出身で、サルバドールには根本的な変化をもたらした。たぶんこの時が、サルバドールが勉強した時代で最も幸せな時期だった。先生や仲間たちとも気が合って、この学校の友だちの誰かに連れられて、コカコーラの配達人として、少し仕事もするようになった。これによって、彼は初めての給料をもらうことができた。五〇ペセタだった。

しかし、そこでの幸せな時期はあまり長くは続かなかった。次の学年が始まると、両親はマタローにあるサレジオ会の全寮制の学校に彼を入学させた。サルバドールはここで一六歳になるまで勉強することになる。非常に厳しい規則が決められていて、聖職者たちが教える学校だった。一九六四年、中等課程五年生のとき、彼はこの全寮制の学校で受けていた教育や先生たちについての印象を自分の日記に書いた。日記の表紙には、フランス語で『内なる日記帳』とタイトルが付けられ、彼の名前の下には次のような言葉が書かれていいた。

《お願いです、このノートを取り上げた人はどうか中を見ないで下さい。どうかお願いします、ここに書かれていることはとても個人的なことなのですから》

日記のページの間には好きだった俳優や歌手の写真が貼られていた。ジョニー・ハリディ、シルビー・バルタン、メリナ・メルクーリ、そして何と言ってもビートルズ。メルクーリのところには、《彼女は一度も会ったことのない女優だけど、好きなんです》と記されていた。寮の仲間が言うには、サルバドールは、彼が背が低いことから〝プチート〔末っ子〕〟と仲間から呼ばれていて、どちらかと言うと、その時の流行の音楽に夢中になる若者だった。それに、彼はいつも髪をとかし、流行を追い、ジョニー・ハリディのスタイルを真似していた。日記は、彼の好みの変遷を確認することのほかに、サレジオ会の人びとが彼に徹底的に叩き込もうとしていた信仰心から、彼がどんどん遠ざかっていったことを示していた。だから、初めの何ページかで、いくつかの精神的な訓練を経て獲得した内面の平静を明らかにしているが、最後の何ページかで、それは一九六三年から一九六四年にかけての学年の終わりの時期に当たるが、一五歳を迎える少し前、完璧に失望した姿をはっきりと晒していた。

《信仰は尊重するけど、ぼくはまったく幻滅させられました。だから、もう実践するなんて考えないし、もう何もするつもりはない》

この書き込みは四月のものだが、信仰から遠ざかっていった理由は何だったのかをはっきりとさせる文言が日記には続いていた。

《もうこのムカつく学校にいること、そして、ロバのようにひどい躾しかないこのムカつく仲間といることに、とことんうんざりだ。一番ムカついて、退屈してしまうのは神父という偽善者たちだ。今日、校長と話をしに行ったら、五年生には何人か上に進級できない生徒がいるそうで、ぼくはその中の一人だと言う。彼らは明らかにぼくを追放するための言い訳を探しているのだ。ぼくにはもう、彼らに対する怒りや憎しみを表現する言葉が見つからない》

当時の仲間の一人であるジュゼップ・マリネロは、あの当時のサルバドールがどんなだったかを語る。

「彼はとても落ち着きのない神経質な少年でした。彼はコソコソしたりしませんし、とても勇敢で、同時に高貴で無垢でしたから、よく先生から頭を叩かれていました。彼は手抜かりなく行動できなかったので、すぐに捕まってしまいました」

その性格のほかに、彼の学校の成績を一見すると、校長が、彼は学校を出て行ったほうがいいと考えていた理由が何だったのかが分かってくる。サルバドールはあまりいい成績をあげないままいろいろな科目を合格していたが、決してひどすぎるわけではなかった。一方、彼の成績証はいつも同様に否定的な点が付きがちだった。つまり態度が悪いのだ。サルバドールは操行で不合格になっていた。それがいつも校長が両親と話し合っていた問題であり、校長はサルバドールが他の地区で中等課程六年生に進級した方がいいと両親に忠告していた。

「ぼくはもうこの学校にはうんざりだ」

これは彼が日記に何度も繰り返し書いている言葉だ。

「彼らは人を怒らせるだけのために聖職者になっている。ぼくがしたいのは働くことで、自立して生活すること。勉強したり、もうちょっと文化的になるために仕事をしないでいなきゃならないなんてもういやだ」

自由を勝ち取って両親から独立するという意思でもある、働くことやお金を稼ぐことへの強い関心は、彼の思春期に顕著に見られる特徴だ。サレジオ会の寮を出たあと、彼は学業と仕事を両立させた。六年生に進級できて、最終試験にも合格した。マンドリ通りにある機械を作る工場の管理部門に仕事を見つけた。そして、寮生活していたときに書いた日記の意見とは矛盾するが、勉強も続けた。彼は将来のためにある大切な決断をした。マラガイ高校の夜の大学予備課程に入学した。

イグナジ・ソレー・スグラニェスは語る。

「あの学校で私たちは知り合い、友だちになりました。私たちの文学のクラスは六人しかおらず、ある意味では、そこからMIL[*2]が生まれたと言っていいかもしれません」

最近のイグナジに会っても、彼が武装闘争のグループで戦っていたと想像するのは、私にとってとても難しかった。彼の外見は、いい生活をするのが好きな経営者と何ら変わらない。私はサルバドールについて、そしてMILで活動した時代について話を聞くために、彼の所有となるあるレストランで待ち合わせた。地下生活を捨て、イグナジ・ソレーはビジネスに専念している。具体的には骨董品とレストランだ。彼やサルバドールがどういうことで政治に関わっていったかを思い出す前に、彼

＊2　サルバドールがその後属することになる政治活動団体「イベリア解放運動」。

は吸っている葉巻に水をかけて、床をじっと見つめて、自分の考えを私に話し始めた。

「よく自問するんです。もし彼らが死んでいなかったら、今何をしているだろうって」

過去を見つめていたまなざしを一瞬だがこちらに向けて、私にこう言う。

「それはよく自問することです。今、サルバドールとオリオールはどこにいるだろう。投票している?」

「で、あなたは何をしますか。投票します?」と、私は彼に質問した。

「私は生涯、絶対投票はしないです」と、彼は大きな笑い声を上げながら答えた。

イグナジが触れたもう一人の死者は、彼の兄であり、一一人兄弟という大家族の大半の面倒をみなくてはならなかったオリオール・ソレー・スグラニェスだ。彼は最もラジカルで戦闘的な政治思想を持っていた。オリオールはMILの推進役だった。彼は一九七六年にETAの囚人グループと一緒にセゴビアの刑務所を脱獄しようとしたとき、治安警察隊の発砲で撃たれた。もの心がついたころから政治に巻き込まれ、そのときから、自由でいる時間より、刑務所に放り込まれている時間の方が長くなった。オリオールは非常にカッとなりやすく我慢がきかなかった。

「私が人生で始めて参加したデモのときを覚えています。あれは一九六三年でフリアン・グリマウ[当時の共産党指導者]の処刑に抗議するために組織されたものでした。オリオールが連れてってくれました。私は一三歳で、彼は一五歳でした。彼は私がよく行っていた介助グループのトップを務めていて、私たちを集めて、デモに連れて行きました」

マラガイ高校では、サルバドールはイグナジや、あの少人数クラスの仲間の一人、シャビエ・ガリーガの手を借りて政治に目覚めていった。シャビエは幼馴染で、いつも互いの家族が一緒に過ごすことになったパラウトルデラの休暇で知り合った。三人の若者が大学予備課程で勉強しながら過ごした二年間は、自分たちがやらねばならぬことを具体的にする重要な二年だった。シャビエはＦＳＦ（連邦主義社会主義者軍）で闘争を始め、イグナジはアクシオン・コミュニスタ（共産主義運動）に参加し、その活動で、のちにＭＩＬのイデオローグの一人になるサンティ・ソレーと出会った。そして、サルバドールは最も控えめな政治的立場を表明した人だった。彼の初めての活動は、一九六七年の末に行なわれたもので、サン・ジュゼップ・オリオール地区の労働委員会でのものだった。

「私たちは労働者だということになっていましたから、夜に活動していました。しかし、そんなに働いていたという記憶もありません。サルバドールは事務所での仕事でしたが、そんなにいつも行ってはいませんでした。私はバジェステ・イ・カナルスという書店で働いていましたが、一度も行ったことはありません。シャビエは一番まじめに仕事をしていて、アリエル出版で校正をしていました。私たちはいつも夜に出かけました。毎晩です。授業が終わると、稼いだ僅かなお金を使ってしまうために飲みに出かけました。あの時代はバルセロナに今のような夜の生活はありませんでした。私たちはいつもランブラス街に繰り出し、私たちを静かにしておいてくれる信じられないような変な場所に行きました。でも、どこに行こうが、私たちは政治について話していました。ラス・タピアス通りやロバドールス通りのバルに行ったときでさえも、政治について語りました。そこに行けたのはお金がたくさんあったときで、しょっちゅう行けたわけではありませんが。いつも私たちは明け方の三時とか四時に、その時間までやっている数少ない店の一つだったパセオ・デ・グラシアのドラッグストアという店でお開きにしたものでした。確かに次の日に仕事に行くにはあまり都合のいい時間じゃなかった」

サルバドールの政治的自覚の始まりは、すでに家族の間で問題となった。食事のとき、彼と父ジョアキムの口論は日常的な光景となった。

「彼はいつも権利をとことん主張する立場でした。私たちの父はイライラして、政治なんてほとんど重要じゃないと彼に言っていました。父が望む唯一のことは彼が医学課程を終えることで、彼がすべき最善のことは、彼に何も得にならないあの馬鹿らしいことを早く止めてしまうことでした」

家庭での口論には激しいものがあったが、彼の政治的信条は個人日記に告白されているように、まだ脆かった。

《ぼくは一九歳になるけど、あまり満足しているとは言えない。というのも、ここまでにぼくは一八年を失ったと思っている。今、ぼくはパイプでタバコを吸う。すべてにぼくは失望したし、何にも希望が持てない。ぼくは政治に失望して、愛にも……。政治は何も分かっていないから、何も書かない。大学予備課程の勉強もあまり希望がもてない。勉強はとても辛いけど、必要なんだからやらなくちゃね。これからどうなっていくのかよく分からない。完全に道に迷った。心理学的な小説を書きたいけど、絶対書かないと思う……》

一九六八年、マラガイ高校で大学予備課程が終了したあと、サルバドールは勉強するのをやめ、何をするか決めないまま一時期を過ごした。混乱と困難の月日で、彼の普段の性格はこの時期、変化していった。母インマクラーダはこの変化や、顔を会わせて話すことができないことに不安だった。彼の洗礼名の元となった聖人の日のお祝いを口実にして、彼女は彼に手紙を書いた。

愛する息子よ

お前の置かれた状況をいろいろと考えてみました。でも深刻な問題があるとは思いません。不安定な世界に生きる二〇歳の青年固有の事柄があるだけで、どんな状況でも、真実を見つけることはとても難しいことなのです。お前は好きなときに働き、やりたくなったら勉強して、パパも私もお前がすることを応援してきました。たとえ、お前からの経済的援助がなくても文句も言いませんでした。毎日毎日、不機嫌なパパを見る私の辛い気持ちをお前は分かりますよね。息子よ、いったい何があったのですか？　勉強はもうしてないけど、仕事はある……。政治的思想の問題？　我慢しなさい、息子よ。理性で自分を抑えた人間ほど人間らしい人間はいません……。最後に、贈り物をおねだりしていいですか。私は二つの言葉をお前の口元から永遠に遠ざけてほしいの。Mi…とHos…［mierda（くそ！）とhostia（なんてこった）という言葉のこと］。この贈り物してくれる？　神様がお前にご褒美くれると思います。

私はいつもお前のそばにいます。ママがどんなにお前が好きか、覚えておいてね。

一九六八年になると、変化は目立ってきた。フランスの五月革命は新しい政治的意識を見出すため

には決定的な出来事だった。アクシオン・カタラーナの活動家としてイグナジが持っていたコンタクトを通して、新しい思想や言葉が届いてきた。サルバドールは、当時、パリにいた友人たちが解説する歴史に夢中になっていて、組織的な面で政治的党派に対し不信を急激に深めていた。そして、彼は実際に知らなかった言葉に出会う。例えば、シチュアシオニスモ、[*3]無政府状態……。イグナジとシャビエの隣でお酒と政治的議論が果てしなく続いた、あの長い夜を何度も過ごして彼が獲得した知識は、基本的にマルクス主義だった。一九六八年五月、彼は「アクシオン・コミュニスタ」の視点を通して、ニヒリズムとシチュアシオニスモの影響を明らかに受けていた。古い世界には急進的に答えを出していくべきで、その時点までにすでに理解していたイデオロギーや組織に対しては、批判し、放棄しなくてはならない。こうした考えを頭に、サルバドールと彼の友人たちはフランコ体制に引き続き立ち向かい、同時に、反体制派のほとんどの政党からも離れていくのだった。

　フランスの五月革命の衝撃はサルバドールの政治的なコミットメントのレベルを上げていたばかりか、彼の人生に新しい変化を生み出した。一九六八年、彼は働くことをやめ、経済学部に入学した。彼の人格が新しくなった時期は、彼の突然の生活スタイルの変化に符合している。それは、彼が書き記したものに明らかに見て取れる。彼はすでに規則的には日記を書いていなかったが、それでも自分の考えや感情を紙に書く習慣を持っていた。恋愛で幻滅を経験して、サルバドールは当時の状況を窺い知る事のできる一通の長い手紙を書いている。それは一九六九年の一〇月のことである。

——

　ぼくは、エセ革命的なセンチメンタルな時期を終わらせ、克服することができる。その時期は、たぶん少し無分別に家族を批判することくらいしかできないし、そんなことしたって何にもならない。もし、その時期を克服しなければ、自分を完成させていくさらなる道も見えてこないし、ろくでなしでいることや不適応でいること、または似たような偽りの状況を変えていくこともできない。ぼくは生まれたとき、小ブルジョアジーという段階から人生を出発させた。ぼくはとても疑問に思っている。個人的な領域では、いつもある大切なポイントに何度もこだわってしまう。彼女には一つの出口、または、一つの道しか見えていない。彼女はそれをよく理解し、女性として、働く人として達成感を覚えている。彼女は資本主義体制の中で生きることに何も疑問を感じてはいない。でもぼくの場合、二つの出口があると思っている。ぼくはいつだって迷っていて、これがぼくの矛盾の原因になっている。一つ目は、政治運動することであり、政治活動で生計を立てること。もう一つは経済学を学びながら、経験を積み、働くことを覚え、そして、一言でいうなら、自分を完成していくことだ。批判的な姿勢は崩さず、でも、くだらないことは止めて自分を完成する。

このジレンマは長い期間、サルバドールに付きまとった。一方にマラガイ高校時代の友だちや、革命的な闘争への誘惑があり、一方に、彼が駆り立てられるように手紙を書いたあの女性のような普通

＊3　一九五〇年代から七〇年代初頭にかけてのフランスの思想潮流。マルクス主義、アナキズム、ダダイズム、反消費主義などの思想が渾然一体化した独自の立場から、反資本主義の運動を展開した。

の人たちの傍にいて、より静かでより保守的な生活があった。彼女の名前はモンセだ。サルバドールの手紙にあった言葉を使わせてもらうなら、その女の子は完璧に統一された人間だった。彼女はいま行政機関で働き、既婚者で、子どもたちがいて、あの疑問や矛盾に満ちた若者と結びつくことになった恋愛や友情を思い出すことに、少しも困惑を感じていない。モンセは時間が与えてくれた客観的な視点や、明快さを感じさせながらこう語った。

「別れたのは、私たちがあまりに違っていたからです。私は彼にとってあまりに真面目な人間でした。当時、私はまったく政治が分かりませんでした。彼が参加していて、のちにのめり込んだあの活動のこともまったく知りませんでした。あなたに言えることは、時々彼に会って、配るための宣伝ビラを任されていたということだけです。でも、あのビラが何について語っていたのか少しも分かりませんでした。私が分かっていたのは二人の違いにもかかわらず、私は彼に夢中だったということです。私は彼の妹のモンセととてもいい友だちで、彼女を通して彼を知りました。彼との恋愛はあまり長く続きませんでしたが、友だちとしてはとても素晴らしい関係を持ちました。そして、その友情は、私が決して経験したことのない苦悩に満ちた状況に私を引きずり込みました」

記憶がモンセの眼前に、そのとき私が想像もできなかった情景を描き出している。彼女が最後まで理解できなかったあの若者、その彼と共有した青春の甘美な時間が急に楽しく甦った。モンセは、サルバドールが警察によって逮捕される少し前まで、彼が何をやっているか知らないまま、彼との、友情と協力の親密な関係を維持していた。

サルバドールがモンセと離別することになった原因は、あの苦い経験のあと、彼が人生や野望を振り返った長い手紙の中に明快に描かれている。

ぼくが彼女に会って話をするとき、キスして彼女を食べたくなる。でも、続けて会っていると、何も自分たちのためにならないケンカを始めてしまう。彼女は納得しないと思うけど、ぼくたちを間違いなく引き離してしまう問題点の一つは、ぼくは彼女と寝たいけど、彼女はそうじゃないということだ。ぼくはベッドで結ばれるというこの点なしに〝愛〟という言葉を想像できない。疑いなく、それは手順の問題ではない。どの観点から見ても明らかにそうではない。彼女の態度は、小ブルジョアジーの典型的なそれなのだ。

その当時、サルバドールは政治的な符号を用いて人生のすべての状況を分析しようとしていた。モンセとの問題もその例外ではなかった。彼は新しい主張を持ち込んで書き進めた。

彼女にとっては、個人は社会に対して優位を占める。ぼくにとって、少なくとも知識の世界では、社会は個人より優位である。これは、彼女が政治的な意味で順応主義者で、ぼくが理想主義者だというところに行き着く。

モンセとの決裂は、彼の実存的なジレンマを明らかにする手助けをし、順応主義から遠ざかる姿勢に傾かせた。しかし、いずれにしても、それによって彼がより急進的な立場を共有する高校の古い仲間たちと同じ道を行くことを決断させることには、まだならなかった。つまり、サルバドールにはまだ越えなくてはならない障害が人生にあった。それは彼がのちに下さなくてはならない決断に決定的な影響を与えるものであった。兵役である。

二〇歳になるまで、サルバドールは、五年後にモデロ刑務所の一室で死刑の執行を待つ身になるなどと予測させるようなことはまったくしていなかったし、そんなことが危ぶまれる計画も持っていなかった。バルセロナで行動するあの当時の多くの若者とそんなに違いがあるわけではなかった。政治にそんなにのめりこんでいたわけでもなく、同世代の多くの若者たちより、警官とたくさん問題を起こしているわけでもなかった。

夜の一一時、彼は刑務所が彼のために用意した部屋にまだ一人でいた。そこから彼は礼拝堂で家族の者たちに付き添われ、何時間か過ごすことになる。彼の姉妹はまだ到着しておらず、彼は看守に監視されながら手紙を書き続けていた。部屋は凍てつくような寒さだったにもかかわらず、彼の顔にははっきりといく筋かの汗が流れていた。一瞬、彼は書くのを止めて、ジャージの袖で額を拭いた。そしてトイレに行きたいと要求した。興奮と恐怖が、彼の下腹部でハンマーのように怒りを込めて振り下ろされていた。フェレーの詩の一編が囁く。《私は風の悲しみを歌に込めます》

第3章　M－Lの六人

《ここの生活が始まった。だれもがここの生活はひどいと説明するだろうけど、それがどれだけひどいのか、本当のところは自分で見るまで分からないだろうな》

それは一九七〇年九月一六日だった。サルバドールは兵役を務めるために、実存的懐疑や、家族や友人、二人のふしだらな恋人を放り出し、経済学のⅠとⅡの科目を宙ぶらりんにしたままの大学の課程を中断しなくてはならなかった。彼はパルマ・デ・マジョルカの宿営地に配属された。兵役が始まってしばらく、彼は生き生きとした感動を綴った日記を書く習慣を取り戻した。

《最も強烈な印象は初めて軍服を着たときだ。気分が悪くなって、誰でも猛烈に逃げ出したくなってしまう虚しい感覚が這い上がってくる。ここでは不合理が日常茶飯事だ。野営地の最大の幸運はお金を使わないこと、そして、松の木に囲まれて本当に美しい場所だってことだ。健康的な生活なら、それは間違いなくできる。変化をつけるために、そして、自分について語ることを絶対止めないために、はっきりしておこうと思う。この兵役を終えたらずらかってやる。冷静に客観的にそれをやれたらいいと思う……》

兵役が始まる前、二二歳のとき、サルバドールの人生はそれまで願っていたようなものじゃない、まったくそれとは似ても似つかないものになっていた。両親の家で暮らし、彼はまだ独立できていなかった。再び勉強をしようとする決断が独立を許さなかった。経済学の課程も彼を満足させていなかった。それは彼が想像していたようなものではなかったし、さらには、数学は合格しそうになかった。友人たちはどんどん活動的に政治に参加していて、彼はまだ決断できないでいた。兵役は悪いタイミングでやってきた。それゆえ、彼はあらゆる手段を講じてそれを逃れようとした。

高校時代に付き合っていたモンセは、兵役に不適格になるための彼の絶望的な試みを記憶している。

「彼は何でもやりました。何しろ行きたくなかったですから。癲癇が起こってくれたらいいなんて考えることもありました。医学を学んでいた友人が、眠らずに一晩過ごしてから、名前は忘れましたが、何種類かの薬品を飲むように、彼に助言しました。それを飲んでから、電気的に脳に刺激を与えました。もう簡単に想像できると思いますが、それをすると顔つきが変わってしまいます。でも、彼は騙せなくて、当時の多くの若者と同様、兵役につくはめになりました」

モンセはサルバドールの生涯で最も変わらぬ友情を分かち合う一人となった。兵役のあいだ彼らはとても頻繁に手紙をやり取りした。一〇月の消印がある手紙で、サルバドールは彼女にこう書いた。

ぼくたち兵士が、食事に臭いものを食べさせられているってことをきみが知らないなんて、笑っちゃう。ここに来て一五日が経ったけど、居心地が悪い。兵役については話したくない。話すほどのものじゃないから。上手く話せても、きみが信じられないようなことがいくつもあ

る。本当だ。あまり深く考えないでほしいけど、ここに来てまだ間もない頃に一人の中尉が新兵のことを「命の保障もないのに野営地をふらつくヘンなヤツ」って言ったんだ。彼らはそれをすごく当然のように言うんだ。鼻先に石を投げつけてやりたくなったよ。

この野営地での訓練が終わると、サルバドールはイビサに配属させられた。テルエル歩兵連隊、四八番であった。この時期、彼は孤独や孤立の感覚をますます強くしていった。彼は日記にこう書いた。《人びとの中で一人ぼっちでいることは、一人でいることより辛いものだ。たぶん、だから人びとはあんなにたくさんの手紙を書くのだろう》。イビサでは配属先が幸運だった。医務室の担当になったのだ。そこで過ごさなくてはならなかった時期は、のちに訪れる何ヵ月かの地下生活でとても役に立つ知識を彼に獲得させることになった。事実、のちに彼は仲間たちにも、同様に警察にも、サルバドールではなく《医者》として知られるようになる。それは兄の職業というだけでなく、父親が果たせなかった憧れの職業につながる通称であった。

友人たちとの文通は孤独からの出口にもなり、自らの思想や感情を明確にする一つの手段となった。幼馴染のジョルディへの手紙でサルバドールはこう語った。

ぼくは医務室にいて、看護師や医者というより、精神的父親といった役割を果たしている。これは最高に面白い経験だよ。患者はちょっと前まで意地悪な軍服によってまともに扱われていなかったから、少しの慰めと愛情を求めて、誰もがみんな一人の人間として医務室に入ってくる。彼らは教養はないけど、感じやすく誠実な若者たちで、その傍で、ぼくはとてもたくさんのことを学んだ。兵役はぼくにとってすごくいい経験になっている。

軍隊の規律ほどサルバドールの精神と対立するものはないが、それでも、軍隊が彼に押し付けた人生の小休止と変化は、彼が人生の方向をもう一度考えるためには役に立った。兵役を終える前にモンセに書いた、最後の何通かのうちの一通の中で、彼はそのような説明をしていた。

今までになく、生きることに強い意欲が湧き始めた。安っぽいセンチメンタリズムではなく、ぼくは、これからやっていくことがより意識的で、より意欲的になると確信している。悩みの種（兵役）が終わったら、もう実家には住まないと思う。以前からぼくの頭をしきりによぎる考えがあるのだけれど、それを現実のものにしたい。ママのスカートはある年齢を超えると何よりも有害なのものになる。ぼくは自分自身ともう一度向き合って、ちゃんとした誰かになりたいと思う。ぼくが経済学の勉強を止めたいと言ったこと、思い出すかい？　たぶんそうなると思う。哲学と文章を書くことの方に、ぼくは強い関心を持つようになった。

一九七一年八月、サルバドールは母親にセントラル大学の哲文学部に入学手続きをするように頼んだ。経済学Ⅰを修了していなかったが、入学試験を受けなくても入れるだけ、十分な科目に合格していた。そして同時に、ペップ・サレスと結婚していた姉インマの申し出を受け入れた。それは、彼女たちが一年前から住んでいるビア・アウグスタのアパートに一緒に住むということだ。
兵役はサルバドールの人生で大きな転換の時期ともなった。しかし、彼の政治的な立場に関しては、状況はまだ変わっていなかった。彼は極左の革命思想に共鳴しながら、アナキストの感覚に近かった。それに、誓願を立てる前の若い修練者のように、自分が考えていることに忠実でいるためには、どれだけ報いを受けねばならなくなるか非常に不安だった。例えば、それは、友人のジョルディに書いた最後の何通かの手紙の一通に告白されていることからも推察することができる。

私たちが高度な知的教育を受けたという強みを活かして、プロレタリアを率いていこうということは、まったく間違っている。ろくでもない考えだ。これまでの失敗はここからきている。労働者に主張を聞いてもらおうと声を大きくするくらいなら、彼らと同じようにならなくてはならない。つまり、労働者です。あなたが労働者になれば、彼らは言うことに耳を貸すでしょう。しかし、しばらくは労働者で、すぐあとは大学に通うとか、あの『ドラッグストア』に行って思弁的な難しい会話をするとしたら、それは慎ましい人妻と、前夜祭の淫らな女とを同時にもて遊ぶようなものです。ぼくの言っていることを、ぼく自身の政治活動の休止に対する個人的な正当化だとは受けとらないでほしい。ぼくは今まで赤ちゃんでした。だから、人生とは女の子と遊び、いい仕事に就くことだけではないのだと知ったとき、ネジが外れてしまって、政治的な仕事で責任をとることに恐怖が生まれ、言い換えるなら、それに不安が芽生えてきたのです。

サルバドールが兵役についていた間に、彼の友人たちは危険を冒して、自らの政治的な責任を果たそうと動き始めた。彼らのうち最も活動的だったのは、もちろん、彼が獄中にいないときの話だが、オリオール・ソレー・スグラニェスだった。あの頃、オリオール・ソレーは、急進的な傾向を持ち、労働組合の機関や組織に当時顕著になり始めた官僚主義に対して非常に批判的な「労働者委員会」に属する労働者たちとコンタクトを取るようになった。そのグループは、表向きのトップを理論家のホセ・アントニオ・ディアスと、金属関係の労働者であるマヌエル・ムルシアが務める「プラタフォルマス」〔綱領派〕という名前のグループだった。かつてフランスに亡命していたオリオールは、彼らが非合法で出版していた『何をなすべきか』と『われらの階級』という二つの印刷物の製作工程で彼らを助けた。

一九七〇年の一二月、ハリー・ウォーカーの労働者たちは会社を占拠して山猫スト〔労働組合の一部の組合員が、本部の指令を無視して行なうストライキ〕を始めた。それは、ブルゴスに設置された軍事法廷がETAの六人のメンバーに対し死刑判決を言い渡し、それを阻止しようとする大規模な動員の中で決行された。それは異例の状況だった。山猫ストは反対政党や労働組合の関与の外であったが、「プラタフォルマス」のメンバーが提唱した精神がそれを継続させ、そのストライキは二ヵ月以上続いた。組織は労働者の集会から派生した委員会の管理にゆだねられていった。スト参加者との連帯から生まれたグループに活発に参加していたオリオール・ソレーは、「プラタフォルマス」の人びとから遠のくことになっていった。彼の重要な政治的傾向はますますアナーキーなものになり、モロトフ・カクテル〔火炎ビン〕の作り方を載せた号の『われらの階級』を、雑誌責任者たちが出版をさせなかった日、両者の意見の食い違いがピークに達した。

オリオール・ソレーはトゥールーズに住んでいた。ここはスペインから逃げてきた亡命者たち、とくに市民戦争で戦ったアナキストたちや、キコ・サバテの活動や闘争を支えたアナキストたちからの援助を受けやすい街だった。キコ・サバテはマキ〔第二次世界大戦のフランスの対独ゲリラ〕たちの間で最も有名な人物であり、当時の若い絶対自由主義者たちの間で神秘化された人物であった。トゥールーズ大学のキャンパスではブルゴス裁判の死刑判決に反対するデモがたくさん組織された。こうした運動の中で、オリオール・ソレーは何人かのフランス人の若者と知り合いになり、その中にはジャン・クロード・トーレ、ジャン・マルク・ルジャンがいた。急速に、彼らは活動の拠点となるグループ作りを始めた。トゥールーズに亡命者として住んでいたマキたちと連絡をとった。仲の良いゲリラ兵たちは、その若者たちが、自分たちが何年も前に放棄した戦いの継承者となりうる人たちだと信じた。数ヵ月後、彼らは互いをよく知るようになり、彼らが保持していた武器を信頼して渡した。しかし、初めの活動は武器なしで決行された。それは、オリオール・ソレーの専門と関わりがあった。つまり、非合法の印刷だった。

一九七一年三月二五日、オリオール・ソレーとジャン・マルク・ルジャンは盗難車を運転してスペイン国境に向かっていた。そして、ブルグ－マダムに着く少し前、検問所で警官によって逮捕された。警察は一丁の自動拳銃と、トゥールーズで編集された何種類かのパンフレットの完成品を発見した。それはスペインでまもなく実施されようとしていた労働組合の選挙のボイコットを呼びかけるものであり、彼らはそれをバルセロナで配布するつもりでいた。パンフレットはトゥールーズで新しく生まれたグループによってデザインされたもので、以前、オリオール・ソレーが関係していた「プラタフォルマス」によっても、「自律的労働者グループ」によっても署名されていなかった。文章の最後に添えられた名前やアナグラムはオリオール・ソレーが考案した架空のものだった。そこには一〇〇〇という数字と、縦位置で描かれた七丁の小銃、そして《大地を耕す私の兄弟が私の祖国》という文章が添えられていた。

警官が車を調べていたとき、オリオール・ソレーとジャン・マルクは彼らをボンネットに叩きつけ、走って逃げようとした。オリオール・ソレーはすぐに捕まったが、ジャン・マルクはサン・ミケル・デ・クイシャの修道院まで逃亡することができた。だが、彼もそのあとすぐに捕まった。「イベリア解放運動」、つまりＭＩＬの初めての活動に関して、オリオール・ソレーは裁判所で、自分が唯一人の責任者だと証言し、その結果、彼に一年の刑が言い渡され、ジャン・マルクは放免された。

友人たちや、その友人の友人たちは、インマ・プッチとペップ・サレスが住むビア・アウグスタのアパートが誰にでも開放されている場所だと思っていた。サルバドールは兵役を終えてそこで生活を始めたとき、イビサの兵舎で彼の生活

をずっと支配していたあの不合理と孤独とはまったくかけ離れた雰囲気を感じ取った。インマは懐かしむ気持ちを抑えようともせずに話した。あの時期、あのアパートでとても楽しく過ごした自分自身の一部が、もう完全に失われてしまったかのようであった。

「あの時期のことははっきりと思い出せます。あの頃、スペインにはほとんど自由がありませんでしたが、私たちは自由でした。ペップと私は結婚していましたが、半ばヒッピーのような生活をしていました。いい意味でのヒッピーですけどね。私たちは性格が開放的で、開放的カップルと呼ばれるくらいでしたから、私たちはとても自由を感じていました。みんなが出たり入ったりしてました。安定した家庭といった関係はなく、あの家はみんなに開放された家でした。みんながぶらりと立ち寄って、私たちをからかっていきました。家の鍵をみんなに渡していたので、ときには、家に帰ってきても誰も知らない人たちばかりということもありました。一度ならず、冷蔵庫の中のものがなくなっていたり、レコードをみんな持ってかれたりしました」

ペップとインマはすでに夫婦ではない。サルバドールの死後まもなく別れた。彼らの離婚に、彼の死やあの時体験したことが影響しているのかどうかはわからない。しかし、そうではなかったとも言い切れない。あれは、余りに強く個人を打ちのめし、処刑実施までのカウントダウンを実際に身近に体験した人びとはすべて、人生を根底から変えてしまうことになった。現在、ペップは高校教師として働き、インマや彼女の家族とも素晴らしい関係を続けている。彼に当時を思い出してもらおうとしたとき、彼の表情は大きく変わり、インマのときにも感じられた、あの同じ心の動きが伝わってきた。

「あれはとてもロマンティックな時代でした。みんなが民主主義と自由を求めていて、市民戦争が始まる前にスペインに横溢していた、あのロマンティシズムに似た雰囲気がありました。最近の人びとはほとんどそんなこと考えないかもしれませんが、あの頃の人びとは思想のためだったら死ぬことができると思っていました。あの状況下では、みんな同じ船に乗っているという感覚でした。ですから、ビア・アウグスタのアパートでもたくさんの人が出入りしていましたが、私たちには誰でも歓迎するという気持ちが溢れていました。警察から追われている人をかくまったこともあります。その中にはアナキスト、トロツキスト、それに本当の名前は知りませんでしたが、通称〝芝《セスペデス》〟と呼ばれていた非常に面白い人もいました。彼は惑星間革命を起こそうとしていたのです。あのグループは、大気圏外の生物がやってきて、革命を起こすのを助けてくれるのではないかと信じていたグループでした。彼らも左翼の人間でしたからね」

インマとペップのアパートにあった自由の雰囲気は、あの時代や、バルセロナで息づいていた具体的な歴史の瞬間を映し出していた。サルバドールが兵役から戻ってきたとき、バルセロナは政治的な高揚を迎えていた。ブルゴスの軍事裁判に反対して起こった抗議集会やデモの波が効果的に作用して、一九七〇年一二月三〇日、政府は死刑判決を受けた六人のETA活動家に恩赦を与えた。フランコ体制の反対派たちは幸福感に満ちた空気を感じていた。このときの動員は、多くの人にとって、フランコ体制に反対する闘争での初めての連携であって、もし反対派政党が結集すれば、彼らの力はフランコさえも動かすことができると確信させるのに役立つものだった。カタルーニャで生まれたはっきりとした一体感の例は、ブルゴスの裁判に抗議する国際的な大きな反響ともいえる行動の一つであったが、イデオロギーも傾向もまったく違った二八七人の知識人がモンセラットの修道院に三日間立てこもったことである。この立てこもりは、一九七一年二月に実現された「カタルーニャ会議」の設立にとって一つの価値ある試行となった。この会議は、七〇年代に始まった民主化への移行過程で決定的な役割を果たし、反対派の多くの政党や組織、無所属の人たちを結集させた。しかし、この会議に参加しようとしなかった少数派の中に、サルバドールの友人たちが組織しようとしていたグループがあった。

イグナジ・ソレー・スグラニェスは当時のことをこう説明する。

「サルバドールが兵役から戻ってきたとき、私たちにはほとんどメンバーがいませんでした。私の兄のオリオール・ソレーは労働組合の選挙ボイコットを呼びかけるパンフレットの事件で有罪になって、ペルピニャンの刑務所にいました。そのオリオールと同様、私たちも、民主的な反体制派は体制の一翼を担っていると考えていました。極左といわれる勢力さえも、私たちからすれば、資本主義体制内の極左以外の何ものでもないと考えていました。私たちはそうしたすべてに敵対していて、あの当時、もう考えたり、考え直したりすることに飽き飽きしていました。とくに、シャビエ・ガリーガ、サンティ・ソレー、そして私にとって、あの当時はお互いが意見をぶつけ合う内省の時代でした。サルバドールと私の弟のジョルディも加わってきました。バダロナのサンティ・ソレーのアパートに集まって、そこで長い時間を一緒に過ごしました」

サンティ・ソレー・アミゴーはグループで最も秀でたイデオローグで、印刷された多くの文章を書いていた。私は一九八九年に彼と会った。イグナジ・ソレーや他のＭＩＬの元活動家たちと会ったときとも同様だったが、この男も風貌から言うと、最後まで武装闘争したグループにいた人間だったなどとは、決して想像できない感じだった。物静かで、落ち着いて、穏やかな男に見えた。下の方を細く刈り込んだ濃い口ひげを生やし、仲間が彼のことを《プティ》と呼んでいたことからも分かるように、背が低かった。たぶん、彼の身体的な問題が私の印象に影響したのだと思われる。サンティは癲癇があって、健康を害するほど、そして姿勢が大きく変わってしまうほどの猫背で、しゃべることにも困難をきたしていた。サンティは、彼の生涯を蝕んでいたその健康上の問題が原因で、最近亡くなった。ＭＩＬの「自立的戦闘グループ」を結成していた時期、彼は、彼らが説き、思考していたことの理論的帰結として、武装闘争の必要性を正当化した人物だった。

一九八九年に交わした会話でサンティははっきりとこう言った。

「私たちは政党やどんな運動とも関係を持ちたくなかったのです。社会主義者も共産主義者も、アナキストさえも毛嫌いしていました。それは彼らがみんな組織化されたグループだったからです。彼らには規律があって、活動があって、服従があります。私たちはそうしたものすべてを嫌っていました。私たちは何の活動家にもなりたくなかったわけで、活動家がいる必要のないレベルに到達できるグループを作りたかったのです」

元活動家たちが言うことによれば、サンティはサルバドールが、そのとき組織化されようとしていたグループに参加するのに強く影響を与えた人たちの一人でもあった。それはサルバドールにとって非常に難しい決断だった。その瞬間まで、サルバドールは友人たちがしていたように政治の狭間に身を投げ出すか、勉強に集中するかもがいていた。それは疑念と迷いの数ヵ月だった。

彼の人生の重要な時期の証人であるインマはこう話した。

「大学で勉強を始めましたが、しっかり自分を納得させてやってはいませんでした。彼がどんどん深く政治に関わっていっているというのは知ってました。ときに、彼はどこに行くのか私たちに言わないまま、何日も姿を見せないことがありました。また、私たちに謄写版を隠してほしいと頼んできたこともありました。パンフレットを印刷するための家庭用のものでした。彼によく『サルバドール、政治に深入りしているのね。もし警察に捕まったら大変なことになるわ。監獄に行くことだってあるのよ』って言ったものでした。私は彼が何か深刻な出来事に巻き込まれているんだと気づいていました。彼は私に、しつこく聞かないでほしい、私にできることは何もないのだからと答えました。まったく何も。それに、何も質問しない方が私のためだとも言いました。あの時期、サルバドールはとてもいらいらして不安がっていたのを覚えています。夜は悪夢にうなされていました。私は彼がどんなに苦しんでいるのか見ていましたが、彼は何を聞いても決して答えようとしなかったので、もう気にしないようにして、彼の重荷にならないように努めました。彼には、苦しんでいるのね、幸せでないのがわかるわ、と言ってましたが、ある日、私のしつこさにうんざりして、彼は『お願いだ、インマ。自分で決めなきゃならないことを決めるだけで、もう大変なんだ。ぼくを勝手にさせといてくれ。もういらいらさせないでくれ、ほっといてくれ』って言いました」

そうした疑念と苦悩があったにもかかわらず、サルバドールはなかなか逃げ出せない無力感に襲われていた。サンティのアパートに張り詰めていた空気には、インマが彼に必死に教え込もうとしていたものより強い警戒の雰囲気があった。彼は少しずつ、友人たちの確信や決断、また無自覚に、少しずつ惨めな気持ちになっていった。ジョルディ・ソレーはその最後の範疇に入る友人の一人だった。彼は尊大とすら言えるある種の満足感を隠そうとしないまま私にこう告白した。

「私はあまり自問することがなかったですね。私にとって、あそこにいることは一番自然なことでした。何故かわかりますか。私たちは家族でしたから、みんなもう中に取り込まれていたんです。私は一六歳のときから、馬鹿なことをやってきました。私はこのグループに入ろうか、どこにも入らないでおこうかと考える必要はなく、オリオールの航跡を辿るだけでした。まず宣伝ビラ用の紙、そして、印刷する機械を奪いに行きました。そして、彼が逮捕され、監獄にぶち込まれたときは、アジトが警察の手に落ちないよう、それを解体しに行きました」

サルバドールの場合は違っていた。彼は自分で考えなければならず、決断を下すのは非常に難しかった。ジョルディはイグナジとオリオール・ソレー・スグラニェスの弟であった。私は結局オリオール・ソレーとは会わなかったので、この二人を比べることはできないが、イグナジとジョルディはかなり違っていた。ジョルディが、あの若い都市ゲリラたちのグループが行なったとされるすべての事件に関与しているということは、容易に想像がつく。彼がサルバドールやオリオール・ソレーについて語るとき、彼は死者に対する尊敬を忘れない。しかし、それでも彼の言葉にはある種の冷淡さを感じ取った。彼にとって、武装闘争のグループに入ることは自然だったというのと同様、死が偏在していたことを思い出すのも自然だった。たぶんこの自然さは、彼が兄弟や友人と一緒に彼らの場所にいたという事実からきている。私はジョルディに会うため、サルダーニャのベルベーまで行った。彼はその村で質素な宿を経営している。ベルベーはＭＩＬの歴史と縁のある村だ。ソレー・スグラニェス家はそこで夏を過ごし、オリオールと彼の弟たちは、子どものころから、どうしたらフランスとスペインの間にある国境を越えられるかを学んだ。私が、彼にあの時期のことを話してほしいと頼んでも、今回は何も問題がなかった。すでに十分な時間が流れていたのだ。私は、彼と初めて知り合った一九八九年にも同じお願いをしたが、そのときは、ジョルディは答えたがらなかった。すでに、あの過去が完全に過去になったということを私は確認した。

ジョルディは過去の記憶を辿り、私は、その行為が彼を満足させていると感じた。

「私たちは友人グループでした。そしてほとんど気づかないまま関わっていたのです。私はサンティのアパートに住みついて、そこでサルバドールと知り合いました。第一印象はよかったです。非常に感受性の鋭いヤツに見えました。彼は音楽がとても好きだったと思います。ギターを弾くのがとても上手かった。あのアパートで戦わせた理屈っぽい議論は本当にあんまり覚えていないのですが、それは退屈だったからでしょう。しっかりと思い出せることは、あのアパートでは、オリオール・ソレーが早く刑務所を出られるよう、みんなが待っていたということです」

オリオール・ソレーは知的で政治的な堅固な素養があったわけではない。しかし、彼の活動や刑務所にいたという事実は、ほかの仲間に対してカリスマ性を感じさせ、信望を高めた。彼なしには、たぶん、彼らが武器をとるという決断にはきっと至らなかったであろう。バダロナのあのアパートで、イデオロギーの果てしない議論の中で描かれた活動や提案を実際に実行するためには、彼の押しが必要だった。それゆえ、彼らはオリオール・ソレーの脱獄の計画を立てた。計画は上手くいった。しかし、オリオール・ソレーはペルピニャンの刑務所を脱走することができたが、国境を越える前に警察に捕まり、裁判所は彼の刑をさらに重くした。

一九七一年の年末、オリオール・ソレーは引き続き収監されていた。釈放はまだ直ぐにはありそうもなかった。しかし、その時期、オリオールの依頼で、フランスのトゥールーズで彼と友情を育んだ二人のフランス人がグループ強化のため、そして活動を開始するためにカタルーニャにやってきた。彼らはジャン・クロード・トーレとジャン・マルク・ルジャンといい、ジョルディ・ソレーと同い年の二〇歳だった。

「フランス人たちは私たちよりヘビーでした。当時の私たちは、みんなアマチュアでしたが、彼らはプロフェッショナルって印象でした」と、ジョルディは言う。

ジョルディやオリオール・ソレーに対してと同じく、このフランス人たちに対しても、誰も理論的な話はあまりしなかった。彼らの参加で、活動を実行するということにおいて、明らかに求められる能力が異なる二つのグループができた。ジョルディの兄で、グループの理論家の一人という立場を明確にしていったイグナジ・ソレーは、そのときのことを追認する。

「私はピストルを扱えませんでした。それどころか、あのときまで私たちは、そうした活動とは無縁なグループを作ろうとしていたのです。いつも活動について話してはいましたが、私たちは内省的なグループでした。ですから、オリオール・ソレーに教育されたルジャンの介入は、グループの友人たちの間では決定的な要因として作用しました」

サンティ・ソレーは私に次のように言った。

「私は実際の活動は一度もしたことがありません。私たちには確認条件のようなものがあって、理論家たち、つまり文章を書く人や出版物のために翻訳する人は実際の活動はしなかったのです」

理論家というのはサンティ、イグナジ、シャビエだった。ジャン・マルク、ジャン・クロード、そしてジョルディは実際の活動の任務を負っていた。サルバドールに関しては、両者のグループの真ん中の道を進んでいて、決断できていなかった。サンティとイグナジは彼にフランス人の手伝いをするように説得した。そしてジョルディは、グループで頼りになる存在になっていった。

マラガイ高校時代から、サルバドールと政治信念や友情を共有してきたイグナジはこう認める。

「あの時期から、それまで私たちが知らなかった何かある違ったものになるため、私たちは友人の集まりであることをやめました。同志になるために友だちであることを捨てたのかもしれません。武器を持った同志です。あれから長い時間を経た現在、この意味で、私は友人としてより同志としてサルバドールの存在を強く感じています。私たちが友人だった時期のことはほとんど思い出せませんが、同志としては、サルバドールは抑制を失わなかったので、とても信頼していました」

グループは当時、最低限の基盤すら持っていなかった。メンバーに提供できる唯一の財産はサンティ・ソレーのバダロナのアパートだった。彼らはまず最も重要な目標として、印刷物をつくり、それを労働者に届けるための資金の調達計画を練っていた。お金は武力で調達しなくてはならなかったので、彼らは武器が必要だった。しかし、持っていた銃はトゥールーズの元アナキストの古ぼけたものだけで、状態もよくなかった。調達の唯一の手段はブラック・マーケットだった。彼らは当時、お金もなければ武器もなく、さらに重要なことだったが、そのための経験もなかった。ジョルディは言う。

「フランス人たちは、オリオールと一緒にいたときに培った経験以上の何かを持っていまが、私たちの経験よりはるかに多くというわけではありませんでした。ついに実行した初めての活動は車を盗むことでしたが、最悪でした。誰もどうやったらいいのかわからず、一台も盗めませんでした。当時、バルセロナの通りは夜の監視が厳しくて、車を盗むことをさらに難しくしていました。それに、すべての車には鍵がかかっていました。何度か夜に試みたのですが、非常に難しかったのです。ですから、私たちはフランスに行くことを決断しました。ジャン・マルクによれば、あちらでは夜回りはおらず、人びとは騙されやすいということでした。ですから、フランスに行って実行することに決めました」

一九七二年の春、サルバドール、ジョルディ、ジャン・マルク、ジャン・クロードという四人の若者が、車を盗むことと銃の扱いを学ぶ目的でトゥールーズに移動した。ジョルディは、遠い過去の子どものいたずらに言及するかのように当時のことを話す。

「楽しかったですね。二ヵ月間ほど滞在して学んでいました。森に行っては射撃の練習をし、何台か車も盗んで、三、四軒の本屋や、一軒の銃砲店でも盗みを働きました。夢のような日々でした」

私の顔には、彼の幸福感に対して当惑した表情が浮かんだ。そして、それが彼の言葉をより慎重なものにしていった。ジョルディはさらにこう続けた。

「私たちは二〇歳でした。みんな若かったし、私たちがやっていたことは神のおぼし召しだったのです。私たちは盗み、強盗を働きました。それが楽しかったのです。他の武装したグループと違って、私たちはそれを義務や戦いとしてやってたのではなく、小さな子どものように楽しんでしました。私たちは六八年の五月革命の子どもたちなのです」

ジョルディは回想のなかで立ち止まり、少しの時間黙りこくって、まるでノスタルジックな感情のほとばしりを最小限に押さえつけようとしているかのようだった。そしてまた続けた。

「あの頃のことに私が感じているのは、ノスタルジーなんかじゃない。後悔なんてしていないし、ひけらかしているわけでもありません。私が何についても後悔なんかしないのは分かるでしょ。あの頃について話すのは簡単だけど、話したくはないのですよ。他のグループと私たちが違うのは、私たちは非常に犠牲が多かった。死者があまりに多かった。六人で強盗して残ったのは二人だけでした。一人は三〇年の刑を受けてフランスの刑務所にいるし、それ以外は死にました。

ジョルディ・ソレーの言葉を借りれば、それは〝フランスのステージ〟という時期であるが、それは、グループのメンバーが最も待ち望んでいたことのひとつ、オリオール・ソレーが刑務所から出獄したことで終わりを告げた。それは一九七二年夏の初めだった。初期の一連の活動で得たお金で、近代的で状態のいい武器を買うことにした。オリオールが持っていたETAのメンバーとのコンタクトは、その武器購入ルートの一つになった。ラス・エスカルダスのある床屋からも買った。この床屋はよく知られた男で、店の奥の部屋にすごい武器庫を持っていて、当時はたくさんのグループから注文を受けていた。

オリオール・ソレーの加入は、もし、武力闘争やどんな種類の組織も否定するグループにこんな名称を使ってもいいとしたらの話だが、MILの「自立的戦闘グループ」の正式な設立に重要な意味をもった。そして、彼らは野心的な一連の活動を具体的に計画し始めていった。それは、オリオール・ソレーによって提案された《黒い九月と赤い一〇月》と呼ばれたプランだった。彼の指令で、グループは熱の入った活動を始めた。武器を使った訓練も続けられ、誘拐予定の人物を収容し隠すために、モイシェルノの山に質素な監獄を作り、在バルセロナのベネズエラ領事の誘拐や、秘密警察の有名な長官、ファン・アントニオ・クレイシュの暗殺など、決して実行されることのなかった作戦の可能性を研究していた。初めの二つの重要な活動が決められたのはこの時期だった。トゥールーズの印刷所の強奪と、彼らにとって初めてとなる銀行強盗だ。その頃、サルバドールは再び自分が遂行しようとしていた任務について疑問を抱き始めた。ジョルディはこんなエピソードを覚えている。

「サルバドールにとってそれはとても恐ろしいプランに見えました。オリオールはそれに気づいたんです。それがオリオール・ソレーの存在を際立たせ、彼をグループの当然のリーダーと認めさた理由のひとつなんですが、サルバドールを呼んでこう言ったんです。『お前はギターが弾けるんだって？スイスに行ってレコードを録音したらどうだ』。私たちは彼がチェ・ゲバラへの賛歌を録音したのを覚えています。今から見ると、スイスに録音しに行って、強盗したお金でレコードを発売するなんて、そんな考えは狂っているとしか考えられません。でも、あの時期は何でも可能だったんです。サルバドールはスイスに旅立ち、その間に私たちは《黒い九月と赤い一〇月》の準備をしました」

サルバドールのスイス滞在は長くはなかった。彼が、当時付き合っていた女性の一人が働く会社からなんとかしてギターを手に入れようとしていたとき、彼の仲間はマジョルカ通りのある年金信用金庫のオフィスを襲い七〇万ペセタを奪った。そして八月半ばには、トゥールーズの印刷所から機械を泥棒して、それをベシエスに借りた一軒の農家に移送した。彼らの四人だけが最後までその任務を遂行できた。それゆえ、サルバドールが最終的に参加を明言してくれることが必要になった。イグナジ・ソレーは彼へのメッセージを持ってスイスに向かった。イグナジ・ソレーははっきりとこう言う。

「誰か意志堅固な人間が必要で、これに当てはまるのがサルバドールでした。彼以外の人間が信頼するに値しないというわけではなかったけど、彼らはとても若く、少し軽率なところがありました。私はスイスに彼を迎えに行きました。そして、サルバドールは少しも迷うことなく、新たな活動が準備されているトゥールーズに帰ってきました」

サルバドールの参加で、彼らは初期の銀行強盗の計画が練りはじめられた。彼らの言い方を借りれば、この盗みはキコ・サバテのマキたちの用語をそのまま使って《徴発》と称された。一方、グループの理論家たちは、彼らが取り掛かろうとしていた活動路線を正当化する「武装騒乱について」という題の文章を作成した。この文章によれば、MILの「自立的戦闘グループ」は労働者の闘争を助けるために資本家から物品・資金を徴発し、この目的を達成するためには、資本家の利益と規定されるすべてのものに対して、暴力を使用することに疑念を持つ必要はない、とされた。

最初に実行されたのはベルベー・デ・ラ・サルダーニャの信用金庫への襲撃だった。オリオール・ソレーはそこに完璧な土地勘があって、国境までは非常に近かった。サルバドールはこの最初の襲撃に参加しなかった。銀行施設には顔を覆ったオリオールとジャン・マルク・ルジャンが突入した。武器はETAから買った二丁のピストルと、一丁のライフル、それに銃身の短い二二口径のもう一丁のピストルだった。戦利品は百万ペセタだった。

最初の《徴発》は成功したが、オリオールは彼の目標に忠実だったグループを再び手放さなくてはならなかった。盗んでベシエスに隠しておいた印刷機をフランス警察が発見した。そして、農家の家賃の書類からソレー・スグラニェス兄弟の長男がいたトゥールーズのアパートを突き止め、長男はトゥールーズの刑務所に入れられ、一年間収監された。初めから少なかったのに、この逮捕で彼らはさらに少なくなった。

ベルベーの作戦のいい結果は、彼らが続けて銀行を襲撃する気になったということである。サルバドールはグループに加わった。彼はハンドル捌きがとても上手いという能力が認められて、《徴発》に使われていた車両運転の責任者となった。彼の初めての襲撃体験は一九七二年一〇月二一日、マタローでのことだった。このとき、彼らはライエターナ信用金庫から九〇万ペセタを奪った。ジョルディ・ソレーは思い出す。

「初めの頃のあの襲撃は面白かったです。唯一困ったのは押し入る前でしたね。本当にみんなネクタイを締めて行くんです。でも、いったん中に入ると、すべてがゲームのようでした。考えても見てください。あの当時は今のようなセキュリティの基準なんてありませんでしたから、盗むのは比較的簡単でした。マタローでの襲撃では、私が銀行の人に演説をぶつことになっていました。私は公衆の面前で話すのは好きではなかったので、彼らがそう決めたんです。ピストルを彼らに向けている間に、これからあなたに話すような、私たちの政治組織について退屈な話しを口から出まかせで話しました。二、三度話しに詰まりましたが、そのほかは大笑いをとりました」

初めの何回かの襲撃は驚くほど簡単だった。獲得したお金は武器の質の向上と数量を増やすのに使われた。そのほかにも、亡命している元アナキストたちが、彼らが所持している武器の多くを譲ってくれた。トゥールーズの靴屋で、キコ・サバテのグループで有名だったナバロは、マキの時代に有名になった貴重な宝物をくれた。それはステンの短機関銃だった。事実、MILが一体何ものなのかまだよくわかっていなかったとき、警察は彼らのグループを《ステンの一派》と呼んでいた。その短機関銃は、ジャン・マルク・ルジャンと切っても切れない仲間となった。彼はアナキストが愛用していた寄贈品のほかに、いつもキコ・サバテのピストル、アメリカ軍の古いコルト45も所持していた。この若者たちにとって、武器は身の安全を意味し、楽しい気分を増大させていった。ジョルディはさらにこう付け加える。

「私たちは襲撃を実行すると、機械的に、いつもまっすぐ食べに行ったものです。美味しい食事を平らげて、お祝いしました。銀行の中にいるときは、最もとんまなジャン・マルクがいつも主役でした。スタンプ台を玩具にして遊び、バカなことをしていました。彼は一度、そのとき映画館にかかっていた『グループ・サルバッヘ』のピストル強盗が着ていたのと同じ、足元まであるギャバン地のコートを着てきていました。確かに、ピストルを持っていると自分が別人のように感じられました。それは制服を着たとき誰もが感じる気分と同じものかもしれません。危険があったのは十分承知でしたが、いつもこう考えていました。オレはドジらない。ドジるのはオレじゃないって」

人手不足は、イグナジ・ソレーのような理論家も初期の襲撃のいくつかに参加するといった事態を引き起こした。そして同様に、彼らをOLLAのようなほかのグループとの協力関係に向かわせた。OLLAは武装闘争に専心するグループで、MILとイデオロギー的にも近く、親戚関係も絡んでいた。この組織の代表はフェリプ・ソレーといい、彼はソレー・スグラニェス家の兄弟の従兄弟だった。ＯＬＬＡ自体は絶対自由主義の傾向を持っていたが、ＭＩＬではオリオール・ソレーだけがその考えを共有していて、顕著なナショナリストの感覚も持ち合わせていた。

なぜそういったやり方でグループにリスクを背負わせたのか、私が説明を求めると、フェリプ・ソレーは「何故それをしたのかって?」とつぶやいたまま、しばし自問した。

「私たちは六八年の大波を感じていて、あの革命の行き着くべき最高点を追い求めていました。つまり《日常的なものを変えれば、きっと物事を変えられる》。武装闘争は体制を変革するのに最高の手段だったと思っていたのです」

フェリプ・ソレーはサルバドールと同じ年だった。ＯＬＬＡのメンバーも参加した初期の襲撃で、サルバドールとフェリプは一緒だった。現在、フェリプはテレビ番組のプロデューサーとして働いていて、あの頃の考えや、あの頃がとても遠いものになっている。だが、サルバドールの活動仲間や、武装闘争の仲間たちと同じく、あの当時の冒険の思い出は心の痛みになっている。フェリプは言う。

「私は自分をサルバドールの友だちだと思っていました。彼と知り合ったのはサンティ・ソレーのアパートで、いいヤツだと思いました。当時、私たちはよく、人間には二つのタイプがあって、一つは捕まってしまう人たちで、もう一つは捕まらない人たちだと言っていました。サルバドールはいつも絶対に捕まらないと言っていました。もし誰かがそれを言って、本気で言っているなら、その人は信用できる人です」

フェリプとサルバドールは一緒にデビューした。それは、サルバドールが初めて銀行に押し入ったときと符合している。MILとOLLAが合同で決行した初めての襲撃は一九七二年一一月二八日、バルセロナ中央銀行のある支店のときだった。当時の新聞を調べていくと、機関銃とピストルで武装した七人が百万ペセタを奪ったとある。

両グループは協力していたが、彼らの間に存在する相違は顕著だった。OLLAのメンバーははるかによく組織化され、MILの人たちとは正反対に、個人的な生活を続けるやり方もあった。MILよりはるかに多いメンバーを持つことになったフェリプ・ソレーのグループでは、活動家たちは地下生活をせず、襲撃を終えると、普段の職業に戻っていき、何事もなかったかのように働いたり勉強したりした。MILの若者たちにとってこうした態度は理解しがたく、彼らは活動がさらに進展すると、完全に地下生活に入っていった。

サルバドールの姉や妹はすぐに、彼が何かおかしな事件に巻き込まれていると疑い始めた。しかし、それが何なのかは想像もつかなかった。数ヵ月前から、彼はもうインマの家では生活していなかった。それどころか、どんな生活をしているのか連絡もないまま長い時が経過していた。もし知らせれば、彼女たちの疑惑はさらに大きなものになっていただろう。インマは思い出す。

「私たちの前にスーツにネクタイ姿で現れました。いつも長髪でヒッピーみたいな感じだったので、スーツ姿はすごく印象に残りました。それに、時々、度の入っていないガラスのメガネをかけてきました。そして、私たちが写真に撮ろうとすると嫌がりました。何かとても変でした」

当時、彼はほとんど家族と連絡を取っていなかった。最もよく彼と会っていたのは末の妹だった。

それは危険を伴っていたが、彼はメルソナに特に強い愛情を持っていて、かなり頻繁に学校の出口に会いに来ていた。メルソナはその時のことを証言する。

「私はマヨール・デ・グラシア通りのラス・カルメリータスに通っていました。彼はおやつを食べに連れてってくれて、いつもお小遣いをくれましたから、学校の出口で会うのがすごく楽しみでした。あるとき、彼がいつもスーツを着てネクタイを締めていたので、仕事をしているのか聞いたことがありました。すると彼はしていない、私には説明できないと言いました。唯一話せることはとても危険なことをしているので、家では絶対にそのことに触れるなって言ったんです」

規則的に彼と接触があったもう一人の妹はカルマだ。サルバドールを若き弁護士、オリオール・アラウと接触させたのもカルマだった。看護学の学生たちが主導したストのときカルマはオリオールを知り、オリオールはカルマとその仲間たちの弁護士として働き、そのとき以来、二人は友だちとなった。カルマは思い出す。

「家にはサルバドール宛に法廷への召喚状が届き始めました。それには、フランスで数ヵ月前に彼の名前で車が借りられ、まだ返却されていないので、それに関して責任があるのではないかというものでした。襲撃に使うために借りられた車のようでしたが、その頃の私たちにはまったく訳が分かりませんでした。私たちには、サルバドールが出廷しなければならない裁判があるということだけしか分かりませんでした。サルバドールが信頼できる弁護士と話をしたいと言ってきたので、私はオリオールを紹介しました。彼らはとても気が合いました。サルバドールは何に関わっているのか説明しませんでしたが、法廷には出頭できないとはっきり言いました。するとオリオールは私に出頭しなさいと言いました。一言一句違えずに、短く巧妙な言葉ですべてを否認しろと言いました。私はその通りにしました。すべてを否認しました。だって私はその車について、何もいきさつを聞いていないのですから」

すべてはうまく行った。借りた車の事件は十分満足いく結果になった。しかし、幸運は長く続かないものである。サルバドールと彼の友人たちの幸運も例外ではなかった。

第4章　初めての流血

あの九月の日暮れどき、街は普段より暗く感じられた。一九七二年のバルセロナは灰色を帯び、汚れて、鉄さびの臭いのする街だった。カフェテリア・トレノの入り口では一七歳の青年がタバコを吸いながら行ったりきたりしていた。タバコにはひっきりなしに次から次へと火が点けられていた。大きくて丸くて幼さの残る彼の目は、しきりに通りを往く車を見ていた。突然、ルノー8が彼のいたところに止まった。助手席に座っていた男は窓を開けて、彼に何かを問いかけた。その青年はほとんど反射的に、決められていた言葉を答えると後部座席に乗り込んだ。少しすると、前の座席の男たちは彼にメガネを渡し、かけるように促した。すると薄暗いバルセロナは一瞬にして闇に消えた。メガネのレンズは内側が黒く塗られていたのだ。車は街からの出口を探しながら、新市街を横切った。その若者は、自分がどこに連れて行かれるのか知らされていなかったが、怖がってはいなかった。反対に、強い興奮を覚えていて、神経はほとんど何も感じていなかった。その男たちは彼を迎えに来たのだった。とうとう彼は自分が望んでいた場所に来ることができた。そのジュゼップ・ジュイス・ポンス・ジョベットがあの時のことを回想する。

「あのとき初めてサルバドールに会って、ＭＩＬの人とコンタクトをもちました。サルバドールはあのときの運転手でした。彼は車の中でも、そのあとの彼らとの面接でも、一切口を開きませんでした。イグナジ・ソレーはあの組織を牛耳っていた人物でした。あのとき何を話したのかもう覚えていませんが、たくさん質問されたことは覚えています。彼らは果たして私を信じられる人物なのか試していたのです。あのときは本当に、私はスーパー・プロフェッショナルなグループを前にしているように感じていました」

長い年月が経ったが、今もジュゼップ・ジュイス・ポンス・ジョベットはチェーンスモーカーだった。頭髪はなくなり少し体重を増やした。しかし、彼の目は高揚感と子どものような大胆さを今も宿していた。私は彼を前にして、ジョルディ・ソレーと話したときと同じ感覚を甦らせた。つまり過去は過去なんだということ。当時のことを明瞭に思い出し、それを語るためには、多くの人の死や、刑務所での年月、そして長い沈黙が必要だった。ジュゼップ・ジュイス・ポンスはMILの仲間からは《ケソ》［チーズ］という名前を付けられていたが、それは彼がチーズをとても嫌っていたからだった。彼は今、ヘリコプターの会社を経営している。いつも空を飛びたいと思っていたので、刑務所を出てからヘリコプターの操縦を習い、それを職業にしたという。飛ぶこと。それは、彼が一七歳のときにMILと連絡をとって、やろうとしていたこととは異なっているのだろうが、当時の彼が探し求めていたものとどこか共通しているような感じもした。

MILに加入するまで、ジュゼップ・ジュイス・ポンスはミラ・イ・フォンタナルス高校で学び、反体制派の中で最もラジカルなグループの一つだったPCE(i)（スペイン共産党国際派）の青年部で活動した。その最後の何ヵ月か、彼は警察との激しい衝突で中心的役割を果たしたことで広く知られるようになった。彼らは学校を焼こうとし、ジュゼップ・ジュイスは火炎瓶を投げることにおいて、まさにスペシャリストとなった。

「一七歳ですべてやってしまい、もう自分を抑えることができなかったのです。ＭＩＬの人たちが武器を持っているというので、私は彼らと連絡をとりました。私には武器が必要だったのです」

説明していたジュゼップ・ジュイスは一瞬考え込み、新しいタバコに火を点け、適切な言葉を探した。

「革命がすぐそこまで来ていると考えていました。それが実現可能で間近に迫っているものだと思えて、私がそのためにできる最大の貢献は武装闘争だと思ったのです。当時は、仕事をしている将来像や、父親の歩んだ人生を辿ることなど想像する能力がありませんでした。自分の特性や経歴などを考えることもなく、ただ、闘争のことだけを考えていました。私は友人たちと『学校を卒業したら何をするか？』とか『どんな仕事をするの？』といった、将来についての会話など一度もしたことなかったです。もっと後になってからはありましたが、あの当時はそんな会話を耳にしなかったですね」

ジュゼップ・ジュイスは都市ゲリラのグループに入りたかった。そしてＭＩＬは彼のような人間が必要だった。オリオール・ソレーが刑務所にいたので、襲撃に参加できる人員は五人を超えなかった。彼はミラ・イ・フォンタナルス高校でソレー・スグラニェス家のライモン・ソレーと知り合った。この二人の友情があったからこそ、グループは即座に彼に扉を開き、彼は彼で熱望していたものを直ちに手に入れたのだった。

ジュゼップ・ジュイスは言う。

「どうしてだったのかとか、何故かって訊かないで欲しいけど、武器を手にしたとき、私はすでにその使い方がわかっていました。私にとっても、ＭＩＬの仲間にとってもそれは驚きでした。誰も教えてくれなかったけど、私は撃鉄をどうやって起こすか、下ろすかということがわかっていたし、もちろん撃つこともできました。想像するに、小さい頃から家で身に付いていたんだと思います。家に武器が置いてあったわけではありませんが、いつも武器について話をしていました」

ジュゼップ・ジュイスの家族はファランへ[*1]のイデオロギーを信じていた。彼の父親は、ジュゼップ・ジュイス自身の言葉を借りるなら《ファシスト、それも、すごいファシスト》だった。彼は青い旅団[*2]にボランティアとして参加し、ヒットラーの部隊の脇でロシア相手に戦った。もちろん、MILのメンバーにとっては、彼の両親が同調者だろうが、立場が異なっていようが重要ではなかった。それというのも、グループに入ってしまえば、家族との結びつきは断ち切らざるをえず、地下生活に入る決心が必要だった。

一九七二年の暮れ、サルバドールはもう何ヵ月も両親に会っていなかった。母インマクラーダは息子が警察と問題を起こしているということは知っており、彼が何らかの政治的グループに関与してい

＊1　元来は一九三三年、ホセ・アントニオ・プリモ・デ・リベラが創設したスペインの政治運動だったが、内戦の過程で、フランコ体制を支える「国民運動」に化けた。フランコの死後は、内部分裂を繰り返し、ファランヘ主義と呼ばれる小集団と化している。

＊2　結成直後、ファランへ党は制服を青シャツと定めた。四一年、フランコは対ソビエト戦線におよそ五万人の兵を展開させたが、彼らはファランへ党の制服である青シャツを着用していたので、「青い旅団」と呼ばれた。

ることを薄々察していた。だが、彼と話す術が見つからず、彼女は息子に、母と子の間の最後の対話の一つとなった一通の手紙を書いた。彼女は医者から少し前に白血病だと診断されていた。その手紙には、病気がゆえに敏感になり、運命に翻弄された彼女が垣間見られる。彼女は息子がフランスにいるのかスペインにいるのか分からなかったので、封筒にスペイン語とフランス語で《サルバドールに渡してほしい》と書いた。手紙は一一月二三日、バルセロナ、と消印が押されていて、こう始まっている。

最愛の息子へ

私にはこの手紙がお前の手に届くのかどうかも分からないけど、息子よ、それでも私が書くのは、もうこんなことでは生きていけないから。お前のことを考えないでいられないから夜も眠れないし、昼間は、ほかの人たちに辛い思いをさせないためにそれを隠さなくてはなりません。

何もお願いはしません。でも、息子よ、お前のことが知りたいのです。何をして、どこに住んで、元気にしているのかどうか。ここに書くことをお前が読むことはないかもしれません。神様が何とか届くようにしてくれるといいけど。家族はみんな何とかやっています。私はいまいましい赤血球とか白血球と戦いながら、体調をさらに悪くしています。

お前がいないのがとても寂しいです。少し眠れると、お前がまた家にいて、幸せで、満たされている夢を見ます。でも、息子よ、お前はたった一人で、無償の愛を捧げるみんなから遠く

離れている。

神がこの手紙に翼をつけて、お前の手に届けてくれることを祈ります。お前が想像もできないほど、お前を好きなママから、いっぱいのキスと抱擁を。


この手紙はサルバドールのもとに届いた。彼はすでに母親の病気を、ときどき可能になる姉妹との接触で知らされていた。自らに課していた地下生活の厳しさに挑みながら、最大限に安全な手段を講じながら、あるとき母を訪ねた。サルバドールはフランスでは非常に警戒しながら行動していた。レンタルした何台かの車が返却されていないという事件で捜査の手が伸びていたからだ。スペイン警察も彼を追っているのかどうかは分からなかったが、彼はスペインでも安心するわけにはいかなかった。

ジョルディ・ソレーはこう回想する。

「サルバドールは家族や友人たちとコンタクトを維持していた唯一の仲間でした。地下生活はとても孤独に陥ってしまうスパイラルです。その生活は、私たちは、私たちは……と反復するだけのものです。こうした閉ざされた中で、私たちは友人や、家族とのこうした関係から孤立していくのです。それに、サルバドールを除いて、私たちは何も知りたくなかったのです。私たちはそれぞれ一人で、いいとか悪いとかをまるで超越していたようでした。あの状況で、私たちが欲しかった唯一のものはピストルで、それで十分でした。私たちは別世界にいたのです」

ジョルディが言うこの《私たちは》は、ＭＩＬの活動的なメンバーだけを示しているのではない。

まだ人びとがいた。ＯＬＬＡの何人かのメンバーや、例えば、一九七二年暮れに理論家部門のメンバーに参加したエミリ・パルディニャスといった新しい加入者以外にも、三、四人の女性がこのグループから決して離れなかった。彼女たちは完全な構成員にはならず、長い会議にもほとんど参加しなかったが、いつも彼らと共にいた。

イグナジ・ソレーは説明する。

「私たちが閉ざされたグループであったというのは事実ですが、女性たちの一人、ニコルはいつも私たちと一緒にいました。初めはパルディニャスの恋人でしたが、のちにルジャンとの間に二人の子どもをもうけました」

グループと共同生活していたのはニコレ・エントレモント、ベット・カルサペウス、ピラール・ガルシア、マリア・アングスティアス・マテオスだった。このグループにはサルバドールの恋人は一人もいなかった。姉インマが強調するところによれば、「彼はハンサムではなかったけど、セクシーだった」ということで、恋人を作ることがとても上手かったという。地下生活をしている間にも、彼は普通の女友だちとも頻繁に連絡を取っていた。マルガリーダはマジョルカ出身で、最後の女性であり、あの最後の数ヵ月、彼の最も身近にいた女性だった。しかし、彼女も決してＭＩＬの活動に巻き込まれることはなかった。

マリア・アングスティアスは最も深く関わった女性だった。仲間たちは彼女をマリアンとか、ジュゼップ・ジュイス・ポンスの恋人だったので《ケシータ》［チーズのかけら］とか呼んでいた。彼女はグループで一番若かった。一六歳だった。

彼ら自身の言葉によれば、当時のマリアンはカスタネットのようだった。つまり陽気でたくさん夢がある女性という意味だ。長い髪をして、いつもブレスレットとネックレスをしていた。現在もマリアンは長い髪をしているが、ヒッピー時代の花飾りに白髪がとって替わった。私は彼女が過去を振り返ることを嫌がっているように感じた。彼女は心のうちをこう語った。

「私があの時代について考えることはもうありません。もうこれ以上耐えられないところまで考え抜きました」

彼女にとって、この記憶の試験は、あの地下生活の初めの何ヵ月かに集中したときだけうれしそうだった。楽しそうなマリアンが当時を話す。

「私たちは特別な時代を生きた特別な人たちなのです。あれはボブ・ディランやラヴィ・シャンカールを見出した時代でした。よく暗がりで音楽を聞いて、バナナの皮を乾かして吸っていたのを思い出します。あの当時、私は一人の男の子と知り合いました。ポンスです。私は恋に落ちて、彼の傍にいるためにすべてを捨てました。彼は政治にのめりこんでいて、私もそうでした。私が熱狂的に支持することになったPCEの呼びかけるデモによく行ったものです。ある指定された時間に待機して、まったく人影もないバルセロナのある曲がり角なんですが、党の誰かが突然手を二度叩くと、その場所は、思いもよらないところから飛び出してきた火炎瓶を持ったデモ隊でいっぱいになりました。それは、私にはほとんど魔術のように見えました。ポンスはいつも第一列にいて、最も果敢な闘士でした。そして、出会って間もない頃でしたが、ある日、彼は私を試そうと、とてもまじめな顔で質問してきました。私がファシストに恋することができる人かどうかということです。私は何て彼に答えたのか覚えていません。でも、それは彼がどんな人なのか、そのときの彼がどんな強迫観念にとりつかれていたのかを示しています」

弱冠一六歳で、マリアンは、ポンスの言う地下生活という選択肢で、彼と一緒に暮らすため家を出る決心をしていた。しかし、ポンスが彼女に何も説明することができなかったので、彼女は彼がどんな活動をしているのかわからなかった。さらに、グループの年上のメンバーは彼女を仲間に入れるべきかどうかはっきりと決断できないでいた。それは彼女が余りに若く、彼女には堅固なベースができていないと思っていたからだ。しかし、とにかく、その皮肉な状況は突然、思いがけないかたちで終了した。トゥールーズで開かれたグループの会議中、マリアンはＭＩＬのメンバーとして受け入れられることになった。

「私はサルバドールが運転する車で、ポンスと一緒にバルセロナから行きました。彼と会うのは初めてではありませんでした。すでに彼とも、ＭＩＬのほかのメンバーとも何回か会う機会がありましたが、私にとって、あのときまでサルバドールは《医者》の彼でしかありませんでした。トゥールーズに着いたとき、すでに会議は始まっていました。彼ら二人は会議に入っていって、私は隣の部屋に残りました。当然、彼らの話しには入っていけないですよね。私は会議している人たちの上着やコートが置いてあったソファに座りました。私は自分の場所を確保するのに、その服をどけました。するとひとつのコートからパスポートが落ちたのです。それはサルバドールのものでした。彼の本当のデータと名前が書いてありました。私は固まってしまいました。すぐに《医者》が誰だったのかわかってしまったのです。サルバドールを、そして、たぶんイグナジもつかまえて、私は私が知ってしまったことを彼らに説明しました。彼らはもう私を受け入れる以外の方法がなかったのです。こうして私は入ったのです。必然的に」

そのとき以来、マリアンはグループの新しいメンバーと認められ、彼女はジュゼップ・ジュイス・ポンスがいたアパートに住むことになった。この若い二人はほかの仲間たちと同様、潜伏のために用意されたアパートに隠れて住んでいた。グループはすでに十分に満足のいく基盤を整えていた。襲撃で獲得したお金は、車を揃えることと、バルセロナとトゥールーズに分けて持っているアパートのために使われた。イグナジ・ソレーとシャビエ・ガリーガ、サンティ・ソレーたち、つまり、ほとんど、あるいはまったく武装闘争に参加していなかった人たちは、組織作りや組織網をコントロールするのを助けていた。この時点までに獲得した資金はすべて基盤を充実させていくために使われた。

その時点で、グループの資金集めを正当化する目的のひとつはまだ達成されていなかった。すなわち、集めた資金は、労働者の利益と彼らが必要としているもののために使わなければならない、というものである。よりラジカルなセクションのさまざまな労働者グループと持ったコンタクトを介して、ＭＩＬの若者たちは、その要求に応える任務を負っていた。ときには書籍といった、具体的なものを頼んできた。それゆえ彼らは何軒か書店を襲撃した。ほかにはポジフィルムなどのプロジェクターが欲しいという注文もあった。しかし、労働者が最も必要とし、最も強く要望してきたのは資金だった。ストという不測の事態を耐え抜く資金を準備しておきたいというのだ。重視されたもう一つの目的は、彼らが出版しようとしている翻訳やオリジナルな教材を使った、プロレタリアートの政治教育だった。これを実現するために、彼らは《37年5月》[*3]というマークを創り出し、一九七三年の一年間でさまざまな書籍と、結果的には二号までしか作られなかったが、ある雑誌を出版した。

雑誌は『CIA』（アナキストの国際的陰謀）と呼ばれたこの雑誌は、あの当時の政治的グループの出版物の中でも珍しく、余り類を見ない、オリジナルなものであった。FAI（イベリヤ・アナキスト連合）の歴史が説明されていたり、アナキストのレジスタンス闘士たちの最後のいくつかの功績について語られたりする主要な記事とともに、雑誌にはユーモアたっぷりの不敬なコミックも載せられていた。また、例えば、彼らの編集方針では、その出版時点までのMILのすべての襲撃を順番におさらいするような記事も可能だった。そのタイトルは《自立的な戦闘グループの年表》とあり、それは、足首まである長いコートを着て、前を開いて、性器はどう触ったらいいのかわかるようなセミヌード女性の写真で全面を飾ったページに印刷されていた。

彼らが重視した目標を達成するには、印刷機を所有する必要があった。トゥールーズで奪った一台を持っていたが、すぐに警察によって押収されたので、彼らには新しいのが必要だった。そして、どこに行けばそれがあるのかが問題だったが、あまり探す必要はなかった。かつて襲撃した同じ印刷所から再び泥棒することになった。それは一二月一四日の未明に決行された。印刷所とほとんど距離のないところにパンの工場があって、あの時間は配達用のライトバンが門の前に駐車されていることが多かった。普段、そのライトバンは鍵をつけたまま駐車されていた。ジョルディ・ソレー、ジャン・マルク・ルジャン、ジュゼップ・ジュイス・ポンス、エミリ・パルディニャス、ジャン・クロード・トーレ、そして、フランス人たちの友人のチョとサルバドールといった七人のグループが、何台かのライトバンを奪って、印刷所に向かい、梃子を使って門をこじ開け、機械のほとんどすべてを盗んだ。《37年5月》出版社ではすでに印刷を始めるための《作業場》を準備して待っていた。

同じ印刷所から二度も泥棒するということは、大胆さと不注意が入り混じったＭＩＬの精神をよく象徴していた。唯一、この精神を持つグループだけが、手にする戦利品はともかく、それが引き起こす挑発的なイメージのために、以前襲ったことのある銀行をまた選ぶことができる。彼らが初めて襲った銀行もこうした理由で説明がつく。一九七三年一月二一日、サリアのベネディクト・マテウ通りの貯蓄銀行に押し入ったが、その同じ建物の中には政治警察の警官たちのグループが住んでいた。彼らは戦利品として六〇万ペセタを奪い、警察を激怒させることができた。あのとき、強盗の後、警察はそこにいたグループの手がかりをほとんど得られなかった。

彼らは公然と行動した。彼らは目をつけられていなかったし、彼らはスーツとネクタイでの《変装》が、彼らを見分けるのを難しくしていると信じていた。ときには、無意識のうちに銀行員や客に対してカタルーニャ語で《さあ、静かにしろ、動くな》と言っていたこともあるが、銀行の中にいるときはいつもスペイン語で話そうと努めていた。自分たちは安全だという感覚は回を重ねるごとに強くなっていった。

＊3　一九三七年四月、フランコは政党統一令を発し、フランコが指揮をとるファランヘ党に一元化した。同じ月、ドイツのコンドル軍団がバスクの町ゲルニカを爆撃した。「敵」の攻勢が続くなかにあって、五月、バルセロナでは内戦が起こった。カタルーニャ統一社会党に代表される共産党勢力と、マルクス主義統一労働党に代表されるソ連批判派左翼が衝突したのだ。この「悲劇」的な事態に因んだ命名と思われる。

あれらの襲撃のことを思い出す次の言葉に、それはよく表れている。彼らは無敵と感じていた。ジュゼップ・ジュイス・ポンスは、当時の様子をこう話す。

「怯えるなんて不可能でした。十分に武装していたし、強力な銃器を持っていたことが、私たちをとても落ち着かせていました。あの数ヵ月で、私が体験した唯一の否定的な感情は、恐れではなく、風邪を引いて高い熱があったので、襲撃に参加できなかったことによる怒りでした。仲間は一緒に行かせてくれませんでした。そして、私がベッドで寝ている間に、彼らは楽しんだわけです。それはものすごく不愉快でした」

マリアンがＭＩＬの人たちと一緒に体験した感覚を表現しようとしたときも、こうだった。

「私たちには怯えることなんてなかったです。だから、やってみる価値があったんです。もう一度生まれてきたとしても、同じ人生を生きると確信してます。私はまだ一六歳でしたが、何度も繰り返しますが、怯えることのない時を生きていました」

銀行を襲わないとき、または会議のためにフランスに行ってないとき、グループの生活はあきらかに単調だった。彼らはほとんどの時間をバルセロナにある二つのアパートで過ごした。その一つにサルバドールとフランス人たちがいて、もう一つの方にジョルディ・ソレーとジュゼップ・ジュイス・ポンス、そしてマリアンがいた。アパートには仕切り壁があったが、ほとんど物が置かれてなかった。実際、家具はなく、ドアはテーブルに使うため取り払われていた。走って逃げなくてはならないときに背負って行けないものは何も持つことができなかった。彼らに許された贅沢は音楽だった。サルバドールはギターを片時も放さなかった。ジョルディとジュゼップ・ジュイスは一台のシンプルなオーディオ機器を持っていて、いつもエマーソン・レイク・アンド・パーマーを聴いていた。

　彼らはほとんどの時間をアパートに閉じこもって生活していた。外とのコンタクトを持ちすぎるのはあまりに危険だった。どうしても行かなくてはならない約束があるとか、何か仕事や義務があるときだけ外出していた。彼らがほとんど毎日しなくてはならないことの一つは、次の襲撃に使うために車を動かして、いつでも出動できる準備しておくことだった。あの当時、グループはかなりの数の車両を所有していたが、その多くは街の中心部の道路に駐車していた。この仕事を担当していたサルバドールは、よくジュゼップ・ジュイス・ポンスに手伝ってもらっていた。車の埃をとって、誰からも疑われないように三日以上同じ場所に放置しないようにした。また、標的にしている銀行の人の動きや警戒を観察するためにも外出した。そして、ときどき、彼らはバルセロナを出て、泥棒して爆発物をわがものとするため、ダイナマイトを使っている石切り場を探した。ジョルディ・ソレーは、あのときからまだ引きずっているあの退屈を払いのけるかのように、荒い息をつきながら、回想した。

「私たちは、あのアパートで長い時間閉じこもって生活していました。それに、当時のバルセロナには、今あるような娯楽がありませんでした。何度か映画は観たし、お酒も飲みに行きましたが、そんなにいつも行ってたわけではありません。一度、ポンスと私はセレステ［ナイトクラブ］に行きました。彼はそこが開店したばかりの新しい場所で、面白いところだって聞いたと言いました。あれは仕事をした日で、私たちは午後七時か八時にその店に着きました。でも、長くはいませんでした。私たちはスーツ姿だったので、店の人たちは私たちを警察だと思ったようです」

　アパートでの生活の単調さは、たまの外出のほかにも、銃を整備していたり遊んでいるときに起こった暴発で破られた。こうした事故は一回ではなかった。銃は悩みの種で、厄介な事態に巻き込まれる原因でもあった。ジュゼップ・ジュイス・ポンスが少し笑いを浮かべながらこう話した。

「すごく天気のいい日でした。私はジョルディ・ソレーとスーツを見立てに行きました。警察はスーツを着た人とは揉め事を起こさないって考えていたので、私たちは通りに出るときはいつもスーツでした。それで、スーツを買うためにアリバウ通りの仕立て屋に行きました……。当然ですが、武器を持っていきました。私たちは銃を持ち歩くことがすごく普通になっていて、そのことを考えていませんでした。それで、仕立て屋は寸法を計り始めて、私たちに上着を脱ぐように言いました。私は言われたように上着を脱ぐと、ピストルが見えたのです。ジョルディと私は見つめあい、そして仕立て屋に目をやりました。すると、彼は、まったく普通のことのように、私に、ピストルを椅子の上に置いた方がやりやすいって言うんです。そのオヤジは私を警察官だと思ったに違いありません。私たちは何の問題もなくその店を出ました。でも、一週間後、私たちはそのスーツを受け取りに行かなくてはならならなかったので、行くべきかどうか議論しました。で、最終的に行くことにしました。防御のためのあらゆる物を身につけましたが、結局、店の人たちはスーツをよこして、別にどうってことはなかったです」

あの若者たちは幸運の中にいて、彼らの星は強く輝いていた。しかし、ＭＩＬはどんどん孤立していった。彼らの小さな、教条的な世界は、他の政治的グループとはますますかけ離れていった。彼らのメンバーも長い時間一緒にいたが、決してお互いをよく知っていたというわけではない。お互いに信じあうことで、それぞれの生活が成り立っていた。そして、自分の隣で戦っているのは誰なのか分からないまま活動していた。このグループに最後に入ってきた一人、ジュゼップ・ジュイス・ポンスは、ほとんどの仲間の本当の身元を知らなかった。マリアンもサルバドールのパスポートを見てしまったという秘密を、彼には打ち明けなかった。

「私はサルバドールが逮捕された日、初めて《医者》が、本当は誰だったのか知りました。私にとって《医者》は《医者》以外の何ものでもなかったのです。彼とは二ヵ月ほど一緒でした。私はジョルディと一緒だったあと、アパートを替えてサルバドールと共同生活しました。長い時間、彼と共に生活しましたが、それはそれだけのことです。また、彼が私にとってすごく印象的な人物でもなかったのです。彼にはオリオールにあったカリスマ性もなかったし、グループで何か突出して目立っていたということもありませんでした……。それに、ある人を知るには、その人の生い立ちや、周囲のこと、友だち、家族、出自、どこで勉強したかといったことを知る必要がありますが、私たちは、もちろんそんなことについては話さなかったのです。私もどこで勉強したか、名前は何ていうんだなんて一度も聞かれたことはありませんでした。それは純粋に安全の問題だったのです」

一九七三年二月七日、サルバドールは、地下生活を中断し、家に帰ることになる、ある知らせを受けた。母インマクラーダが亡くなったというのだ。兄のジョアキムがアメリカに発って一ヵ月ちょっと経っていた。彼は妻の国、アメリカのある病院で仕事を見つけていた。サルバドールは埋葬に立ち会った。いつものようにスーツ、ネクタイ姿で、サングラスをかけていた。妹のモンセは言う。

「来るべきではなかったのです。いつ警察が来て彼を捕まえてもおかしくなかったし、みんなとても神経質になっていました。少し酔って現れましたが、心の痛みがゆえのものだったのだと想像します。それに、高価なもので身を固めて、思い切って来たんだと思います。それに、あの当時は遺体安置所がバルセロナにはありませんでしたから、遺体は家で通夜を過ごすことになっていました。それで、サルバドールはあの夜やってきて、埋葬のために棺を階段で降ろしていたとき、私たちに言いました。『お姉さん、妹たち、あなたたちは立派だ。みんなママに対して立派に振舞った。あなたたちは立派だ』と。彼のいた個人的な状況に加えて、私たちの母の死は、確かに彼をとても悲しませました」

サルバドールの母親が亡くなってから少し経って、三月二日、MILの若者たちの理解を超えた驚くべき幸運は終わりに近づこうとしていた。その日、朝早く、マリアンはバルセロナのファブラ・イ・プッチ大通り三一三番にあったイスパノアメリカ銀行の入り口の前に位置していた。それは彼女が参加する初めての襲撃で、彼女の役割は、下見に行ったときより銀行の警備が厳しくなっていないかどうかを確かめることだった。彼女は数分間、建物の外を観察したあと、行動を起こす準備ができた仲間が待つアパートに戻ってきた。マリアンは悪い予感がしたので、それを彼らに伝えた。しかし、彼らは彼女を相手にしなかった。彼女は経験がないので、神経が彼女にいたずらをしているんだと考えようとした。それに、彼らの持つ情報によれば、銀行には彼らが今まで味わったことがないようなとても美味しい戦利品があると保証していた。リスクを犯すだけの価値はあった。

その朝の一〇時半、サルバドールは黄色いセアト124［スペイン製の車］を銀行の入り口のところに止めた。ジョルディ・ソレー、ジャン・マルク・ルジャン、ジュゼップ・ジュイス・ポンスが車を飛び出し、ピストルと機関銃で武装して銀行の建物の中に入っていった。これまでの襲撃と何も変わらないように見えた。ジュゼップ・ジュイスは入り口のところを見張り、ジョルディは支店長に銃を向け、金庫を開けるように命令し、ジャン・マルクはいつものように、一方の手に機関銃を持ち、もう一方の手でスタンプと戯れていた。金庫は窓口のある広い場所に隣接した小さな部屋に置かれていた。支店長は四五歳の男で、ホセ・ガルシアと言った。彼はジョルディの命令に逆らおうとしたが、結局、それほど抵抗できないまま金庫を開けた。彼らの情報は正しかった。その金庫には少なくとも五百万ペセタがあった。ジョルディはみんなにお金を取るのを手伝うように頼んだ。ジャン・マルクは行員や客の何人かを監視しておくためにその部屋に通した。「サッサと行け、さもないと撃つぞ」と言った。二人の若者が袋をいっぱいにして、スーツのポケットにお金をねじ込んでいる間、そのとても小さな部屋の中では、人質たちが隅で抱き合うようにして哀れな声で泣いていた。

入り口のところではいつも通り、サルバドールが車のエンジンをかけたまま仲間の出てくるのを待っていた。突然、二人の警察官のように見える男たちが、向かいにあったバルから出てきて、銀行に向かって通りを横切ろうとしていた。サルバドールはジュゼップ・ジュイスに聞こえるまでしつこくクラクションを鳴らした。そして、銃撃戦があっても巻き込まれないよう、そして確実に撤退できるように、車を数メートル後方に動かした。入り口のところにいたジュゼップ・ジュイス・ポンスは証言する。

「あの二人は警察官でした。すぐに彼らは私を狙って撃ってきました。私も反射的に彼らに発砲しました。みんな殺そうと思って撃ち合いましたが、私にも彼らにも当たりませんでした」

ジャン・マルクは銃声を聞くと、お金を放り出し、仲間を助けるために入り口に向かって走り出した。ジャン・マルクのステン機関銃の連射が警察官たちを後退させ、彼らは通りの片側に駐車していた車の後ろに身を隠した。一人で人質たちと残ったジョルディ・ソレーは言う。

「私はお金を持ってあの部屋を出ようとしましたが、あの騒ぎと混乱で、あの人びとが私に飛び掛ってきて、私が出るのを妨げ、武器を奪おうとしました。ドアのところで、私は半ば押さえつけられた状態でした。彼らは私を部屋に引き戻そうとして、出ようとしていた私は、ピストルを持った腕を伸ばして外に向かって撃ちました……。それは私の前に初めに出てきた男に当たりました」

彼の前に立ちはだかったのはメルキアデス・フローレスだった。銀行で経理を担当する三六歳の男だった。彼は二発の銃弾を受けた。一つは腕に、もう一つは頭に。彼は床に倒れこんで血の海の中で動かなかった。

すべての状況は、あの男は死んだと思わせた。そして、何が何でもそこを出て行かなくてはとジョルディに思わせた。撃ち合いが激しくなってきた。それで、MILの若者たちは車に到達するまで人質を盾にとることにした。状況はヒステリックでパニックを起こしていた。客と行員たちは叫び、泣いていた。金庫の部屋にずっと閉じ込めらることがなかった人びとは床に伏せ、両腕で頭を覆っていた。ジョルディは一番近くにいた男を捕まえて、立つように命令した。抵抗していたので、引っ張って一気に立たせた。彼にピストルを突きつけながら、通りに出るように言った。震えていた人質は拒否した。ジョルディは絶望的な表情で引き金を引いた。でもピストルは不発だった。思わず二度撃った。しかし、ピストルには反応がなかった。偶然がその男の命を救うことになった。

人質をとるアイデアは捨てられて、入ってきたところを撃ちながら出て行くこと以外、彼らに他の選択肢は残っていなかった。すぐさま、まだ金庫や床に散らばっていたお金を集めて、重くなった袋を運んだ。百三〇万ペセタだった。彼らは撃ちながら通りに飛び出し、驚いた警察は車の影から頭を上げることができなかった。三人の若者は生死を分ける貴重な数秒で、車の場所を確認し、車の中で待っているサルバドールの所まで走ってたどり着いた。

セアト124は、街の北に向かって猛スピードで消えていった。逃走の途中、警察の情報が列記したところによれば、襲撃者たちは銀行にサングラス、ポケットに紙幣が詰まった上着、機関銃の弾倉、六発の銃弾が込められていたが二発は不発だった三八口径のリボルバーを残していった。経理のメルキアデス・フローレスは死んでいなかった。サン・パウ病院に運ばれ、重傷を負った彼に治療が施された。メルキアデスは頭に受けた銃弾が原因で盲目となった。

ジョルディ・ソレーは良心の呵責を感じているようには決して思えない表情だった。たぶん、あれはひどかった、または不運だったといった表情を浮かべながら、こう切り出した。

「ファブラ・イ・プッチの襲撃はグループの歴史で一つの転換点になりました。それまで血を流すことはなかったのに、あの事件で、みんな襲撃がゲームじゃないってことを理解しました。もし捕まれば、少なくとも三〇年は刑務所に放り込まれ、最悪の場合は、死刑もありえることになったのです」

ファブラ・イ・プッチの襲撃は、警察がグループの正体解明に着手する上で重要な手がかりを残した。黄色いセアト124、ナンバーB-267 4-Kはジョルディ・ソレー・スグラニェスによって三週間前にレンタルされた車であった。警察はここで一人の名前を確認できた。彼の苗字は非常に有名で顔つきも分かった。普段通り、あの襲撃は顔をむき出しにして行なわれ、ジョルディの写真はすべての銀行員たちに覚えられた。警察の記録では、負傷して《両目の視力を失ったことで当該するものを見ることができない》経理の男にもその写真が示されたとされている。

ジョルディ・ソレーの身元判明と押収した銃器は、警察にとって、彼らがこれまで実行してきたさまざまな襲撃を関連づけ、判断していく基礎資料となった。フランスでのオリオール・ソレーの活動についても情報を得ていた。彼はこの襲撃のときに刑務所にいたが、警察は彼がグループの創設者であり、ＥＴＡとも良好なつながりがあることを理解した。入手した情報をもとに、そして、波状的な銀行の襲撃を終了させるために、警察は《ＭＩＬ解体のための特別グループ》を立ち上げた。サルバドールと彼らの仲間を逮捕することが警察の戦略的目標に入れられた。人と資材の割り振りは、ＭＩＬに対する特殊グループの長に任命されたサンティアゴ・ボシーガス刑事に託された。

三月五日、ファブラ・イ・プッチ襲撃の三日後、警察の首脳陣は、軍第四管区の司令官に、この事件が彼らの司法権に委ねられるべきものなのかどうか判断するため面会に行った。軍管区司令官に承認された検察報告は、首謀者たちが《個人的利益を求めるのではない他の動機を持っているようには見えない》ので、軍の司法は介入する根拠を持っていないとのことであり、通常の司法に任せるべきとのことだった。

警察が資料を集めていた間、ＭＩＬのメンバーはしばらく身を隠すことを決めた。何人かはトゥールーズに行って生活することにして、ほかのメンバーはバルセロナのアパートに閉じこもった。移動を少なくして、非常に少なくなった外出のときも、極端に用心するようになった。

ジョルディ・ソレーは言う。

「外出するときは、一丁のピストルだけでは十分ではなくなりました。あのときから、私は外出するとき、携帯できる爆弾と機関銃が入ったスーツケースを持って、もうひとつの携帯できる爆弾をポケットに入れ、前と後ろにピストルを携行しました。私にははっきりとした意図がありました。捕まりたくなかったのです」

捕まりたくなかった。それはMILのすべてのメンバーがはっきりと心に抱いていた考えだ。あの当時、フランコの命はあとわずかだったとしても、誰も体制の終焉が近いとは見ていなかった。逮捕されることは、どんなに軽くても、そのときの見通しでは、長期刑を意味した。さらには、捕まらないという決心を示すことが、ほかの仲間に対する信念の証でもあった。警察の手に落ちる前に、そして尋問に屈服する前に命を投げ出す用意のある人間だけが信頼できると、彼らは考えていた。

ジュゼップ・ジュイス・ポンスが改めてこう確認した。

「捕まってなるものかという気持ちが、うまく説明できない一つの絆となって私たちを団結させていました。それを経験したことのない人には理解が難しいかもしれません。私が思いつく唯一の似ている例は、エベレストを登る登山家たちのグループです。そこにいるのは私たちだけです。命がかかっていますから、何が何でもお互いを信頼するしかなかったのです」

警戒と用心は長くは続かなかった。最後の何回かの襲撃で手にしたお金はすでにどこかに消えていた。地下生活を維持するのはとても高くついた。それゆえ、ファブラ・イ・プッチの三ヵ月後、彼らは再び行動に出ることを決断した。一九七三年六月六日、サリアのマヨール通りにあるビルバオ銀行の支店を襲った。そして同月一九日にはトレード・デ・バルセロナのビルにあるバネスト銀行のオフィスから三百万ペセタ以上を持ち出した。発砲することはなく、警察が来ることもなく、思いがけない災難もなかった。しかしながら、状況は数ヵ月前に感じていたものと微妙に違っていた。銀行に入っていく者は顔を隠すために目出し帽を被り、襲撃のあいだ冗談はなく、襲撃後のお祝いの食事会もなかった。

この二つの襲撃に参加したサルバドールは、トゥールーズにいたメンバーとバルセロナにいたメンバーの橋渡し役をしていた。会議の招集、銀行を襲うのに必要な情報、またはそれを実行するためのゴーサインは、いつもトゥールーズから、彼の友人であり元恋人のモンセ・プラサの家に、暗号化されて送られる電報を経由して彼に届いていた。地下生活をしていた間、サルバドールが維持した多くのコンタクトの中で、モンセとの関係が最も安定していた一つだった。郵便物の宛先として彼女を選んだのは、決して警察が彼女を彼と関係づけないと考えていたからである。彼女とは家族的な絆もなかったし、どんな理由であれ、彼女が政治に巻き込まれることはなかった。

当時のことをモンセ・プラサはこう話す。

「普段は私が電報を開けていました。そのあとにしたのが、彼に電話することでした。彼女はサルバドールに電話をかけ、『サルバ、あなたに電報が来てるわ。どこで落ち合う？』って言いました。ときどき彼は私の家まで会いに来て、私の家族と少しの間、話していきました。すべてが最後の頃の日々まで、とても普通だったんです。でも、最後の方になってくると、とても変な電報が届くようになりました。ほとんどすべてがトゥールーズからでした。例えばこんなことが書いてあったりしたんです。『叔母がとても重い病気なので、すぐに来てくれ』とか、『何もかもうまくいかない。近いうち離婚があるかもしれない』とか。私は思ったんです、あの電報が……。私が忘れていた何かがあったような。そして、別に嫌なこと考えていたわけではなかったのですが、でも、彼を傷つけたくなかったので、私は質問したくありませんでした」

モンセ・プラサは一九七三年七月二一日という日付を決して忘れないだろう。その日は、将来の夫と住もうと考えていたサン・クガットのアパートをサルバドールに見せるため、彼と待ち合わせていた。その年の八月初旬に結婚する予定だった。住居の変更、最近の電報に感じた戸惑いが、彼女に、中継先として誰か他の人の住所を探すようにサルバドールに願い出る気にさせていた。

モンセは優しさと懐かしさで顔を輝かせながら、当時を思い出す。

「彼はもう心配するな、彼らはもう私に電報を送ることはないからと言いました。私はサルバドールがとても好きでした。あの日は土曜日だったのを覚えています。私は結婚したら住む予定のアパートを彼に見せました。私が買った下着も見せたら、少し残念そうに『トニは何て幸運なんだ！』って言ってました。一日中、私たちは一緒でした。彼はアパートの整理を手伝ってくれて、私たちはサン・クガットの中心部にあるバルで冷たいものを飲みました。手提げ鞄を放さなかった彼は、とても神経質になって不安がっていました。私は無邪気にも彼に『あなたはＰＳＵＣ〔カタルーニャ統一社会党〕じゃないわよね？』って、質問していました」

その手提げ鞄は新たに起きる問題の原因となった。モンセと別れたあと、サルバドールはシャビエ・ガリーガや彼の恋人のピラール・ガルシアと会うためにバルセロナに向かった。彼らはガラ・プラシディア広場のカスポリーノというバルで待ち合わせをしていた。お酒を飲んだり、サッカー盤をやりながら少しの間過ごした。そして、その場所を出たとき、手提げ鞄はサッカー盤のところに忘られた。サルバドールは取りに戻ったが、間に合わなかった。バルの主人が先に見つけて、中身を見て、警察に知らせた。サルバドールはその鞄にピストル一丁、彼らとジュゼップ・ジュイス・ポンスの写真つきの本物と偽物の証明書類、九万ペセタ、そしてモンセ・プラサがたったいま彼に渡した電報が入っていた。彼とシャビエ・ガリーガは間髪をおかずジュゼップ・ジュイス・ポンスを探しに行き、彼の手を借りてサルバドールがそのときまで住んでいたサレス・イ・フェレーのアパートを引き払った。武器と保管書類を運び出したが、急いでいたので、膨大な量の弾薬は放棄しなくてはならないと判断した。同様に出版物と資料も諦めた。そのとき、MIL掃討のための「特殊グループ」はすでにもう一つの手がかりを得ていた。あの手提げ鞄の中にあった何通かの電報は、非常に貴重な手がかりとなり、警察はまず最初に、モンセ・プラサの家を訪れることになった。

モンセは言う。

「深夜の二時に、私にとってのまさに悪夢が始まりました。母が怯え切って私を起こしにきました。家の玄関には私のことを訊いていた九人の男がいました。つまり九人の警察官でした。彼らは私を待っていた……、私を探しに来た……、私と話したいことがあると言いました」

警察官たちはモンセ・プラサにサルバドール・プッチ・アンティックを知っているか、彼とどういう関係があるのかと質問した。彼女は実際、身がすくんで何も答えられなかった。何も理解できず、何も言葉が出てこなかった。彼女はすごく頑張って、彼とはいい友だちだ、もうずいぶん昔からの知り合いだと、やっとの思いで答えた。モンセはさらにこう付け加える。

「一緒に来てくれと言われました。そのとき、私は二三歳で結婚を間近に控えていて、あの人たちが探しているものが何なのかまったく分かりませんでした。それなのにあの人たちは、私が全面的にサルバドールのやっていることに関わっていると考えていたのです」

彼女を警察署に連行する前に、武器や記録、またはサルバドールの居場所につながる何か手がかりになるものがあるかどうか家を捜索した。モンセの兄弟の部屋を捜索していた一人の警察官が叫んだ。

「何だこれは、見つけたぞ！　手持ちの爆弾みたいだ」

ほかの警察官たちは、その発見物をチラリと見て、それを見つけた男に軽蔑するようなまなざしを向けて、それはただの電車の変圧器だと言った。彼はがっかりしたように答えた。

「何だって？　おれは電車に乗ったことないし、これは何に使うのか分からん」

警察が家を散らかしている間、モンセは自分の部屋にいて、じっと化粧台の鏡を見つめていた。そして、一枚の紙を見つけて、彼女は震えだした。ウソみたいな話しだが、まだ誰もそれに気づいていないみたいだった。しかし、警察官の一人がモンセの異変に気づき、彼女の視線を追い、それを発見した。鏡にはサルバドールの名前と電話番号が書かれた紙切れが貼られていた。それは、彼がその数ヵ月間潜んでいたサレス・イ・フェレー通りにあるアパートの電話番号だった。

この決定的な情報を得て、警察はモンセを署に連行した。まだ未明の三時過ぎだった。家を出るとき、その時間に帰宅した彼女の二人の兄弟と遭遇した。警察は彼らも呼び止めて、一緒に警察署まで連れて行った。

モンセは記憶を辿る。

「兄弟はすぐに釈放されました。私については、何も知らないということを理解するまでさらに時間がかかりました。私はラジェターナ通りの警察署に七二時間いました。私はあのおかげで今も閉所恐怖症です。ぶたれたりはしなかったけど、彼らは脅し、怒鳴りました。私は三日間ずっと暗い部屋に閉じ込められ、メガネを外されたので何も見えませんでした。私を眠らせませんでした。頻繁に誰かが入ってきて、彼らは私が答えようのない質問をしてきました」

モンセへの尋問は警察にとってまったく使い物にならなかった。一方、サレス・イ・フェレー通りの屋根裏部屋の捜索は、サルバドールがファブラ・イ・プッチの銀行の襲撃に関わっていたことを証明する決定的な証拠を得るのに役立った。彼らが銀行でお金を持ち出すために使用した帆布の大きな袋を一つ、ＭＩＬとアナグラムが記されたピストルのホルスターを一つ、警察との銃撃戦で使われたのと同型式のものに対応する機関銃の銃床を二つ見つけた。

この出来事があって、サルバドールと彼の仲間たちは完全に消耗してしまった。さらには、サンティアゴ・ボシーガス刑事がＭＩＬを十分に武装されたグループだと分析し、これが非常に危険なグループだと明確に示した。この警告は、偶発的な衝突に対して警察の側に生まれるためらいを一切振り払うべきだとし、もし彼らと出会えば、彼らは武器を使用する準備をしているはずなので、もし彼らがそれを使ったら、射殺することもできるとした。

第5章　フランシスコ・アングアス

ジョルディ・ソレーは普段は、墓参りに来るような年齢でもなければ、そんな外見もしていない。しかし、ベルベー・デ・サルダーニャの友人たちは、彼が、兄のオリオールが埋葬されている場所をときどき訪れていることを知っている。ジョルディは「ボー墓地はそんなにすごく物悲しい場所ではありません」と、弁明する。オリオールの墓は非常に質素なものだ。でも、その墓の下に根付いた、小さなバラの木の手入れをすることが習慣になったジョルディは「美しい墓とさえ言えるかもしれません」と、付け加えた。

オリオール・ソレー・スグラニェスが治安警察隊の銃弾に倒れてから、すでに二五年が経つが、今も彼の兄弟にとって、そして彼を知るあの時代の人びとにとっては、象徴であり、励みでもある。だから、一九七三年七月末、彼がフランスの刑務所を出所したとき、それがMILの若者たちにとって希望の注入になったとしても不思議ではなかった。グループは本当にたくさんの失敗をしてきたので、オリオールの解放は、これでまたすべてが元のようになると、彼らに期待させた。

ジョルディ・ソレーは言う。

「まあ、だいたいそんなところでした。あの当時、グループの雰囲気は、オリオールが刑務所に入る前とはずいぶん違ったものになっていました。彼はすごい活動意欲を持って出てきましたが、グループはもうそれに応えられませんでした。いつも二つの派閥があって、理論家たちと、武器を持つメンバーとの間には、あの当時、大きな相違ができていました。私たちは行動するためにグループにいましたが、彼らは政治をするためにいました」

まず最初の重要な食い違いは、ファブラ・イ・プッチの襲撃のあと、創立者の一人で《理論家》とされた人たちの一人である、イグナジ・ソレー・スグラニェスがグループを追放されたときに始まった。そして、数ヵ月後、他の理論家たち、つまりサンティ・ソレーとシャビエ・ガリーガがある一つの目的のために全体会議を開こうとした。それは自らの組織の解体だった。参加者は一二人に到達しなかったが、それでも八月の末にトゥールーズに集まった。継続しないという理由ははっきりしていた。一年の活動を経て、警察は彼らを知ることになったが、彼らが援助したいと、理論的には思っていた労働者たちは、彼らが一体誰なのかわかっていなかったからだ。そして、以前から少しでもコンタクトがあった労働者グループは、襲撃のあと、彼らに何も関心を示さなくなった。こうした労働者グループにとって、襲撃で得たお金を受け取ることは、援助されるというより不利益を被ることになりかねなかった。ＭＩＬの若者たちの間には、すでに一度は体験したことのある、あの感覚が再び甦ってきた。銀行を襲うことにあった唯一の意味が、銀行を襲い続けるための資金獲得という悪循環に陥っているのではないかという感覚だ。

雑誌『ＣＩＡ』の最終号でもある第二号は、トゥールーズの大会開催に呼応して世に送り出された。その号には自らの解散を正当化する理由が説明されていた。彼ららしいやり方でそれは掲載されていた。つまり漫画でだ。《共産主義運動?》というタイトルの下に、ビーチを散歩している一組のカップルが描かれている。愛のシーンをイメージしてほしい。そして彼らは何も言わず互いに離れて

いく。最後のコマには次のような言葉が現れる。《理論と実践が真に出会えるときが、いつか来るだろう……》

大会はグループを明確に二つの派閥に分けた。一方には理論家たちがいた。武装闘争を放棄することを提案したサンティ・ソレーとシャビエ・ガリーガたちだ。もう一方には、活動への意欲を持って刑務所を出てきたオリオール・ソレーがいて、彼がジュゼップ・ジュイス・ポンスとジョルディ・ソレー、そしてフランス人たちにグループを継続すべきだと説得していた。サルバドールはどうすべきか決めかねていたが、少なくとも初めは、オリオールに従っていこうと強く決意しているようには見えなかった。

ジュゼップ・ジュイス・ポンスは言う。

「解散するということは一種の押し付けでした。それはサンティ・ソレーとシャビエ・ガリーガの決めたことです。彼らはいつもフランス人のシチュアシオニスト的な立場の理論家たちの指針を重視して、武装闘争は取りやめるべきだと言っていました。私たちはなぜ解散しなくてはならないのか理解できませんでした。私たちは経験を積んだし、ヨーロッパの隣国のグループともコンタクトができて、印刷機も持っていて、活気もある。今、この私たちが立ち止まる、だって？　それは、なぜ？そこでオリオールが《赤い十月》のプランを再び持ち出してきました。昨年、投獄されたことで最後まで成し遂げられなかった計画です。オリオールのプランは爆弾を派手に使う活動を組織化するということです。彼はたくさんのグループとの接触があって、《赤い十月》を実行するためには私たち以外にも、ＥＴＡから分離した絶対自由主義のバスクのグループともコンタクトをとっていました」

最後の襲撃で得た資金もすでに底をついていた。「地下生活はとても高くつく」という言葉は、ＭＩＬの元メンバー全員が、あの時期に彼らが持っていたような資金源はいつも必要だったと説明するために、繰り返し使った言葉だった。オリオールはグループの一部に対して襲撃を継続するように奨励したが、資金の裏付けがなければ実行することもできなかった。トゥールーズの大会では自己批判を受け入れることになったが、資金を得るために彼らが知っていた、手っ取り早くて効果的な唯一の方法は、また新たな銀行を襲うことだった。その実行が決定されたのは九月の半ばであった。一〇月に爆弾を使う活動をするためには急がなくてはならなかった。しかし、次の銀行を決めても、新しい銀行を偵察するための時間はなかった。それゆえ、彼らしい思い付きであるが、すでに知っている場所をもう一度訪れようということになった。

ジョルディ・ソレーは背中を後方に倒して、その回想が呼びさます虚栄心を押さえつけることもせず、眉毛を寄せながら説明した。

「ベルベー・デ・サルダーニャで押し入った、あの初めての襲撃からちょうど一年になる九月一五日、その同じ日に同じ銀行を襲うことに決めました。気取りはいつも少しありましたが、気取った行為としてそれを実行したのではありません。私たちがその銀行を再び襲うことになったのは、単にそこを知っていたからでした。国境の近くにあり、そこからどうやって逃走したらいいのかもよく分かっていました。

決行するとされた日の前日、襲撃の手はずを整えていたオリオール・ソレーとジョルディ・ソレーは、トゥールーズからバルセロナまで移動し、ほかのメンバーを説得して、彼らに助けを求めた。大会開催のあと、MILの若者たちはカタルーニャに戻っていった。警察が彼らを追っていることは知っていたが、バルセロナでは、フランスには整っていなかったある基盤が整っていた。彼らは地下生活のための二つのアパートに潜伏していた。オリオールとジョルディは彼らに会いに行って、イニシアティブをとることを提案した。グループは決定的に分裂していた。《理論家》たちは当然のこと、何も理解しようとしなかった。そして、そのほかのメンバーは彼ら自身の考えを展開し始めていた。ジュゼップ・ジュイス・ポンスとフランス人たち、ジャン・マルク・ルジャン、ジャン・クロード・トーレはサルバドールの煮え切らない態度や疑問に終止符を打たせ、大きな襲撃を遂行するための準備をしていた。オリオールとジョルディは彼らに計画を提示して、彼らのうちの少なくとも一人はベルベーまで同行してほしいと言った。しかし、初めは、誰もその考えにあまり乗り気ではなかったようだ。唯一人、手をあげたのはピラール・ガルシアだった。グループの取り巻きにいた女性の一人で、理論家の一人であったシャビエ・ガリーガの恋人だった。

ジョルディ・ソレーは大声で笑いながら、こう言った。

「あの女性は襲撃に参加したがっていました。でも、何と言っても彼女は経験がなかったので、私はそれにはあまり納得できませんでした。そのとき、いつも立派な紳士で、どんなことにも乗り気なポンスが、彼女に言ったんです。自分が参加するから彼女は行く必要はないと」

九月一五日の朝、とても早い時間に、三人の若者はベルベー・デ・サルダーニャ年金貯蓄銀行の門の前に到着した。オリオールとジョルディはほとんど二日間眠っていなかった。安全の理由で、昼間は移動することを控えていたので、協力してくれる人を求めて、一晩かけてトゥールーズからバルセロナに来て、次の夜はベルベーに向かった。この最後の移動の中で、銀行の中に入っていく任務はオリオールとジュゼップ・ジュイス・ポンスということで合意された。初めの襲撃のときとは違って、両者とも目出し帽で顔を隠して入った。一方、ジョルディ・ソレーは逃走用の白いプジョーのハンドルを握って、彼らを待った。銀行の中は前回押し入ったときから何も変わっていなかった。彼らはどこにお金があるのか分かっていて、素早く行動した。七〇万ペセタを奪ったが、銀行員たちもすでに襲撃された経験があるため、一年前のときほど簡単にお金を渡そうとはしなかったし、強奪されたお金を取り戻そうと彼らを追いかけようとした。しかし、三人の若者も、あの場所で初めて銀行を襲ったあの未熟なグループではなかった。彼らは迷わず行動した。車に乗る前にオリオールたちの一人は追跡者たちにピストルを向け、彼らを撃った。二人の行員は急に立ち止まった。銃弾は彼らの一人の頭部にあと何センチかで当たるところだった。そこで彼らはその追跡を治安警察隊に任せた方が賢明だと考えた。

三人の若者は綿密に逃走を準備していた。フランスのナンバープレートをつけてアルプとラ・モリーナの間の山道に車を置いていた。用心のために、彼らはその車の場所に着く手前で、警察が捜している白いプジョーを乗り捨て、見つからないように隠し、あとは徒歩で行くべきだと考えた。彼らが持っていったものはお金とピストルだけで、機関銃は、歩くのに身軽になるためそこに隠した。道のりは楽ではなかった。ずっと上り坂で、もう一台の車までは五キロあった。オリオールとジョルディはその地理を熟知しており、山道を歩くことにも慣れていた。しかし、ジュゼップ・ジュイス・ポンスはハイキングなんてこれっぽっちも考えたことがなかった人間だったので、息を切らしながら、大変な思いをして、ソレー・スグラニェス兄弟が歩くリズムに何とか従って進んでいった。彼ら三人は、ジュゼップ・ジュイスに一休みさせるために何度も何度も立ち止まったが、そのうちの一回で、その同じ人里離れた場所を歩いてきた三人の男に目撃された。

ジョルディ・ソレーは言う。

「初め、あの三人のことをハイカーだと思ったのですが、すぐにそうではないと気づきました。彼らは治安警察隊で、私たちを見るとこっちに近づいてきました。私たちは走り出したのですが、植物がほとんど生えていない場所でしたから、身を隠す場所がなかったのです。上り坂の途中で、私たちの脚をケイレンが襲い始めました。私は立ち止まってしまいました。私はポンスやオリオールを追いかけることができませんでした。彼らは丘の一番高いところに着いて、何本か生えていた木の陰に身を隠すことができました。私は岩の背後に隠れて撃ち始めました。彼らはまだ私の射程距離の外にいましたが、かまわず私は撃ち始めました。上の方ではポンスが私に『ヤツラに爆弾を投げろ、投げろ』って言ってました。まだピストルの弾も届かないところにいるのに……」

丘の頂上からは、オリオールとジュゼップ・ジュイスが援護射撃をしながらジョルディを助けようとした。治安警察隊まで届いて当たる可能性はまったくなかったが、三人の若者のその攻撃性が彼らを後退させた。三人の治安警察隊はライフルを持っていて武装は十分だったが、慎重に行動することを選び、援軍の到着を待った。そのおかげで三人の若者は一瞬逃げることができた。

逃走は彼らを二手に分けた。ジョルディは近くにあった木が茂った森の奥深くに身を隠すまで這って進み、三人の追っ手をまくことができた。オリオールとジュゼップ・ジュイスは引き続き一緒にいて、車まで行く考えを放棄し、モイシェロの山の中にあった隠れ家まで歩くことにした。

銃撃戦は、治安警察の部隊をその一帯に集中させることになった。次の日、捜索の一夜が明けて、十分に遠くまで逃げることができなかった二人の若者は包囲されるに至った。このときの銃撃戦はまったく一方的だった。

ジュゼップ・ジュイス・ポンスは言う。

「私たちを撃ち殺そうとしていました。オリオールと私は走り出して、すぐに別れました。私は土手を転げ落ち、オリオールは足に跳ね返りの弾を受けました。彼はすぐに捕まりました。私は追い詰められて、降参するように命令されました。治安警察隊は大勢いたにもかかわらず、私がいつまでも撃ち続けていたので、怖くて思い切って近づいて来れなかったのです」

土手の下で、ジュゼップ・ジュイス・ポンスにもう選択の自由はなかった。彼は弾薬が尽きる前に降伏することを決めた。降伏すると叫び、武器を放り投げた。土手から出てくると、治安警察隊員はみんな地面に伏せて、両腕で頭を覆っていた。彼らは一瞬、ジュゼップ・ジュイスが投げた武器が手榴弾ではないかと思ったのだ。それはマヌケな眺めだった。ジュゼップ・ジュイス・ポンスは両手を高く上げ、治安警察隊員は、服の汚れを払い落としながら、恐怖にゆがんだ顔で起き上がってきた。

ジュゼップ・ジュイスはまったく恨みつらみを感じさせることなく、そのときのことを語る。

「彼らは私にとても怒っていて、少し仕返しをしようとしてました。私を罵倒しました。それは馬鹿げたヒステリーで、緊張を解きほぐす手段だったのだと思います。まず私に手錠をかけて、殴り始めました。殴ったあとは、犬に噛み付かせようと煽り立てました」

初めの、混乱と殴打と噛み付きの数分が過ぎると、治安警察隊の隊長が部下や犬たちを制止して、二人の逮捕者をまずプッチサルダの営舎に、そのあとヘローナの営舎に連行するよう命令した。そこには、尋問するための準備をした、ＭＩＬ担当特別グループの捜査官が彼らを待ち受けていた。

そうこうする間に、逮捕の場所から一キロちょっと離れたところで、ジョルディ・ソレーが数時間、雑木林に隠れていた。治安警察隊は周辺を捜索したが、彼を発見するには至らなかった。彼を驚かせたのはたった一度だけ、彼が隠れていた低木の茂みに子どもがオシッコをしたときだった。子どもは誰かがいるのを見て、強盗の一人を見たと父親に叫んだが相手にされなかった。ジョルディ・ソレーはフランスまで歩いていこうと思い、暗くなるのを待っていた。昼間は隠れていて、夜の間ずっと歩いた。暗いと歩いていくのがとても大変だった。二度ほど道を間違え、もう国境を越えたと思ったとき、逆に戻っていただけだったということもあった。苦痛の三日を経て、ついに、ジョルディはフランス側に着いた。彼は衰弱して、脱水症状をきたしていたが、自由だった。

ジョルディが山に隠れている間に、ヘローナの治安警察隊の営舎では、オリオールとジュゼップ・ジュイス・ポンスが尋問されていた。尋問が続いた三日間、逮捕者たちはケガをしていたにもかかわらず、治療を受けることができなかった。さらには、関心のある情報を引き出すことができないと、警察官は彼らを、こうした場合いつも使う拷問にかけた。噛み付き、殴打、拷問のあと、ジュゼップ・ジュイス・ポンスの外見はあまりに嘆かわしい状態に変貌し、尋問が終わって刑務所に移されたとき、刑務所所長が彼の受け入れを嫌がったほどだった。連れてこられた若者は、すぐにも死んでしまいそうで、そんな厄介なものを引き受けたくはなかったのだ。

刑務所所長を説得したのち、警察は定石通りの捜査を続け、ジュゼップ・ジュイス・ポンスの両親の家に行った。それは九月一九日だった。ＭＩＬ担当特別グループの隊長、サンティアゴ・ボシーガスには、助手のティモテオ・フェルナンデスと、このグループに加わったばかりの若き捜査官、フランシスコ・アングアスが同行していた。彼らは、ジュゼップ・ジュイスの父親、ジュアン・ポンスが体制に忠実な右翼の人間だというのを知っていたので、関連する手がかりが見つかるなんて考えていなかった。しかし、彼らは住居の廊下の左側三つ目の部屋で、予期せぬ驚くべき女性に遭遇した。

マリアン・マテオスはそのときのことを回想する。彼女は恋人の家にいて、逮捕されることになった。

「あそこで私は逮捕されました。私のことも探していたなんて考えていませんでした。まったく知りませんでした。だから、ジュゼップ・ジュイスの逮捕を知ったとき、私は彼の両親の家に行きました。それは、単純に、あの家に行けばもっと彼について情報があるだろうと思ったからです」

マリアン・マテオスはラジェターナ通りの警察署に連行された。あの場所については誰かが話すのを何度も聞いたことがあった。実際に行なわれている恐ろしい拷問のことも。彼女はまだ一六歳だったが、年齢が何も捜査官の考慮の対象にはならないことも知っていた。三日三晩、牢屋に閉じ込められ、尋問する者の訪問を絶え間なく受けた。殴られることはなかったが、食べるものも飲むものも与えられず、その間ずっと眠らせてくれなかった。

マリアンは言う。

「恐れ、嫌悪、疲労を感じていました。私に好意的に接してくれた唯一の人は、ある若い捜査官でした。彼は自分の番が終わるとき、私に水と彼のボカディージョ［フランスパンのサンドイッチ］のひとかけらをくれて、数分眠れるように明かりを消してくれました」

その若い捜査官は、ほかの者たちとは違っていた。彼のそばかす顔は、彼を実際よりさらに若く見せていた。彼はフランシスコ・アングアスといい、二四歳で結婚を間近に控えていた。彼が警察官になったのは家庭の環境があったからだ（彼の父親は治安警察隊だった）。しかし、彼の知的向上心はほかの仲間から距離をおかせることになった。彼を知る人たちは、彼がとても映画が好きで、それについてよく話していたこと、そして、いつも専門的な本を読んでいたということを記憶していた。マリアンを監視していたあの日々、彼はルイス・ブニュエルの映画に関する一冊の本について、話し始めたことがあった。

まだ自由の身でいたサルバドールとそのほかの仲間たちは、逮捕の連鎖を止めようとした。しかし、彼らは警察が何を知っているのかが分からなかった。彼の仲間たちがどんな情報も与えていないと信じていたが、安心はできなかった。尋問が非常に冷酷なのは知っていたので、彼らは戦略を変更するよう強いられた。彼らは、住所が警察の手に渡ったかどうかわからないままバルセロナに依然として住んでいたが、それはあまりに危険だったので、トゥールーズに移動することを決めた。引越しはより危険が迫っていると考えられる人物から始めた。つまり、すでに地下生活をしていなかったサンティ・ソレー・アミゴーからだ。

彼の脱出プランは、異なった二つの場所で二つの待ち合わせを申し合わせて、すべてが整った。第一の待ち合わせ場所に問題が起きたときや、警察の存在を察知したときのために、第二の選択肢を持つことは普段から実行していたことだ。決行の日は九月二五日火曜日だった。第一の待ち合わせでは、グループと一緒にいた女性の一人、ニコル・アウトレモントが午前のあまり遅くない時間にフランシア駅に行くことになった。もしこの待ち合わせが失敗したら、第二の待ち合わせは、午後の六時にジローナ通りのバル、フニクラルで会うということになる。この第二の待ち合わせの連絡役は、シャビエ・ガリーガだった。

警察はすでにサンティ・ソレーに関する手がかりを入手して、何日か前から彼が住んでいるバルセロナのアパートを見張っていた。警察が作った調査報告では、サンティ・ソレーは《非常に危険な人物であり、マルキシズムと共産主義イデオロギーに凝り固まり、どんな類の具体的活動も起こしていないが、………彼はＭＩＬの〝図書館〟または〝プロパガンダの装置〟と呼ばれる集団に組み込まれており、グループの頭脳の一人と考えられる》。

九月二四日、仲間たちが彼をフランスに送り出すと決めた日の一日前、ＭＩＬ担当特別グループの捜査官たちはカスペ通り四七番に姿を見せた。そして、彼が向かいの店で飲み物を買おうと家を出たところを逮捕した。武器があるかもしれないと、彼の家をほんのかたちばかりだったが捜索して、逮捕した彼をラジェターナ通りの警察署に連行した。

集中的で継続的な尋問が一晩続き、サンティ・ソレーの抵抗を屈服させた。彼は予定していた待ち合わせの場所と時間を白状した。彼が自白したとき、すでに時刻は二五日の朝になっていた。第一の約束の場所にいくには、急いでもほとんど時間がないので、捜査官たちは、予定されていた午後の約束に行くサンティ・ソレーに同行しようと、その準備をすることにした。まず彼のアパートまで一緒に行き、そこで約束の時間を待つことにした。彼らがそこにいようとしたのは、電話がかかってきたり、計画に変更が生じた場合に備えてのことだった。

サンティ・ソレーが朝の待ち合わせにやってこなかったので、仲間たちは第二の待ち合わせに対して極度に用心していた。午後六時五分まえ、ジローナ通りとコンサル・ダ・サント通りに接する一角を一台の自動車が通り過ぎた。ハンドルを握っていたのはジャン・マルク・ルジャンで、その後ろにサルバドール・プッチがいた。三人の若者たちはシャビエ・ガリーガについていくことを決めていた。シャビエ・ガリーガは車に乗らずに約束の場所に向かった。予想していたように、バルのフニクラルではサンティ・ソレーが彼らを待っていた。コカコーラを飲みながらタバコを吸い、カウンターのところに立っていた。いつものように、そのバルには三人か四人しか客はいなかった。サンティの横にはそばかす顔で、絵柄のあるシャツを着た若い男がいて、『バラバス』という一冊の雑誌を読んでいた。どう見ても警察官のようではなかった。しかし、その若者はフランシスコ・アングアスだった。彼は、サンティが仲間に何か合図を送ったりしないかどうか見張る役をしていた。彼には怪しまれるようなものが何もなかった。そこで、その日はピンク色のシャツを着たサルバドール・プッチが、車を降りて、シャビエ・ガリーガと合流し、二人はバルへと向かった。一方、二人のフランス人たちは、その店がある一角をもう一周した。それは駐車する場所を探す前に、安全を確認しておきたかったからだった。

警察はシャビエ・ガリーガだけを待っていた。彼は《理論家》の一人であり、武器を持っているとは想定していなかった。しかし、彼が一人では来なかったのを見て、彼らに緊張が走った。すぐにシャビエ・ガリーガの同伴者が《医者》、つまりサルバドール・プッチだと照合されたが、情報によれば、彼はMILの最も危険なメンバーの一人となっていた。警察が敷いた配備はそのような可能性を想定していなかった。警察官は七人だったが、その状況に相応しい武器は持っておらず、手錠すらなかった。この事前の準備の欠如は、彼らの若さゆえであり、またMIL担当特別グループのメンバーの大半がほとんどこうした経験のない人たちで構成されていたということが原因となっていた。最も経験のあるのがグループのリーダー、サンティアゴ・ボシーガスだったが、彼もまだ三〇歳であった。

サルバドール・プッチとシャビエ・ガリーガはバルに入る前に逮捕された。三人の捜査官が二人を取り囲み、その配備の責任者であるボシーガス捜査官は、彼らの前に立って、身分証を示し、彼らが警察の組織の一員だと身分を証明した。シャビエ・ガリーガは抵抗しなかったが、サルバドールは突発的な反応を示した。彼は逮捕されるのが嫌だった。向きを変え、警察官の一人を突き飛ばし、走って逃げようとした。しかし、ほとんど走り出せないうちに、誰かが足払いをかけて、彼は地面に転んだ。サンティ・ソレーの監視をほかの捜査官に任せたフランシスコ・アングアスは、彼を押さえつけようと飛び掛った。サルバドールは若い捜査官の腕を払いのけるために力いっぱい闘った。シャビエ・ガリーガを見張っていた捜査官の一人、ティモテオ・フェルナンデスは、同僚を助けるために彼を放って、ピストルを取り出し、それでサルバドールの頭を怒りを込めて叩き始めた。

九月の午後六時、ジローナとコンサル・ダ・サントの角はもう人影のない場所ではなくなっていた。歩行者たちは驚いて立ち止まり、近くに住む人たちはベランダに出てきて、商店にいた客たちはどうしていいものかわからないまま、その光景を見つめていた。あれは警察の逮捕というより、非行少年たちのケンカのように見えた。逮捕者を殴り続けていた捜査官たちは、彼らの逃走の危険を減らすために、ジローナ通りに面した化粧品店のエル・ベレンに連れて行き、彼らを閉じ込めておこうとした。店の主人、リカルド・デ・ラ・オッサは、その殴り合いの凄まじさに驚いていて、彼らの一人、サルバドールが頭を血まみれにしていたこともあって、警察を呼ぶぞと言って、きっぱりと断った。店の主人の容易にこちらを信じそうにない視線を前に、サンティアゴ・ボシーガスは叫んだ。

「私たちが警察官だ。制服を着ていないのは強盗を捕まえるためなんだ」

彼らが店へ入ることを拒んだので、捜査官たちは逮捕者を隣のジローナ通り七〇番の玄関ホールに連れて行った。好奇心に駆られたあるグループが入り口に近づいてきて、中で続けられている揉み合いがもっと大きくなるようにけしかけた。サルバドールはもがき、大人しくさせる術を見出せなかった捜査官たちに抵抗した。とうとう、四人がかりで彼を静かにさせて、彼を壁に押し付け、ポケットに入れていた折りたたみ式のナイフとピストルを取り上げた。六・三五口径のコンメルだった。そのとき、シャビエ・ガリーガは、彼を見張っていた捜査官が、彼よりサルバドールのことに気がいっていることを好都合に、入り口の方に踏み出し、外に向かって走った。それほどの距離はなかったが、通りに出るとき、店の主人と野次馬の一人が、彼の足を引っ掛けたので、その間に、二人の警察官が彼を捕まえ、再び玄関ホールに引きずっていった。シャビエはされるがままにはならなかったが、警察官が彼を動けなくするのは簡単だった。

サルバドールは苦しそうに荒い息をして、半ばめまいがしていた。頭から吹き出す血は顔を流れ、ピンク色のシャツに染み込み、それを赤く染めていた。彼が観念したように見えたので、その捜査官のうちの二人は、彼から離れてシャビエに向かい、逃げようとしたことを懲らしめるために、かなりひどく蹴ったり殴ったりした。そのとき、サルバドールを見張っていた警察官は二人だけだった。それは、彼の前に立っていたフランシスコ・アングアスと、背中に両腕を押さえつけ、後ろから捕まえていたサンティアゴ・ボシーガスだ。彼らがサルバドールを動けないようにしていたとき、サルバドールがたくらんでいたことを警察官は気づかなかった。サルバドールの両手は第二のピストルが隠してあるところに近づいていった。彼はほかの仲間と同様、かなり以前から、ピストルを二丁以上持たずに外出することはなかった。二つ目のピストル、九ミリのアストラを握り、ズボンのお尻のところから取り出すと、サルバドールの両腕はバネのように前方に振り出され、ピストルを握ったまま腕をピーンと張り、撃った。一人の警察官に見張られながら玄関ホールの隅にいたサンティ・ソレーが、その顛末の証人だった。

「何発撃ったのか分かりませんが、いっぱい撃ちました……。サルバドールの顔は血だらけでした。眉毛のところから吹き出していたようです……。そこで起こったことをはっきりと見ていたわけではないですが、状況は非常に混乱して、撃ち合いがあったということだけは確かです」

一発目の銃声が聞こえて、ティモテオ・フェルナンデスはシャビエ・ガリーガを殴るのをやめて、サルバドールと警察官が立っていた場所に向かって銃を撃った。すべては数秒の出来事だった。外にいた目撃者たちが、のちに行なった証言によれば、彼らは銃が連射されるのを聴いたという。銃撃戦が止まったとき、床の上に、血の海の中に二人が倒れていた。それはフランシスコ・アングアスとサルバドール・プッチだった。二人とも死んでいるように見えた。

玄関ホールの中では、全員が神経を興奮させ、叫び、火薬の臭いがした。警察官の一人はピストルの銃口をサルバドールの頭から数ミリのところに構えていた。彼は撃つべきかどうか数秒迷った。結局撃たなかった。少し経つと、その現場はさらなる警察官と、救急車でいっぱいになった。サンティ・ソレーとシャビエ・ガリーガはラジェターナ通りの警察署に連行され、負傷した二人は二台の救急車で別々にクリニコ病院に運ばれた。一方では、その間にMIL担当特別グループの捜査官たちは、銃弾の薬莢を拾い、逮捕のときに居合わせた野次馬や隣人たちに尋問して、証人として使い物になるかもしれない人たちの身元を確認していた。そのうちの一人が、近くにあった化粧品店の従業員、アントニオ・フォルテスだった。警察はその玄関ホールの門番であるアナ・サンチェスが、この事件にひどく驚いてしまい玄関ホールを掃除できないでいたので、彼にそれを頼んだ。アントニオ・フォルテスは、すっかりきれいにはできなかったが、階段の血痕を取り除こうとし、階段の三段目に弾痕があることを確認し、警察が拾い忘れていった二つの薬莢を拾った。のちに作成されたすべての調書によれば、あの玄関ホールで見つかった薬莢は四個だけで、サルバドール・プッチのピストルから撃たれた四発の銃弾に合致していた。警察の発砲に関しては、彼らの口頭による証言ではっきりと確認されている。ティモテオ・フェルナンデスは、自らの証言によれば、二発しか撃たなかったという。

エル・コレオ・カタラン紙の記者、サンティアゴ・ビラノバはまだ警察官がいたときに逮捕の現場に近づき、目撃者の何人かに取材した。この取材データを基に、彼は自らが見た恐怖と混乱の情景を描き、一本の記事にまとめた。サンティアゴ・ビラノバが集めることができた情報は、警察官の一団が三人の強盗を逮捕しようとして、そこで勃発した銃撃戦で二人の負傷者が出て、そのうちの一人は頭部に銃弾を受け、その傷の状態は非常に深刻だった。また、すべての目撃者が、彼らが聞いた発砲の回数に関しては一致し、二度の短い時間に分かれて、合わせて八発だと書いた。その記者の記事は、どんなふうに警察が目撃者を尋問していったかを紹介して、次のような文で記事を結んでいた。《大衆が公の道路での出来事を訝る。主婦たちはいつも「どうしたの？」と知りたがって、例え一箱の洗剤を買うにも店に行列を作る。一人の警察官が大事そうにピストルを持って、一方の手には柄の部分を白いハンカチでくるんだナイフを持って通り過ぎる。また、別の警察官は銃弾を拾い、大理石の階段にそれに合致する弾痕を確認する。ある男性は言う、もうすぐカラヒージョ〔ウィスキー入りホットコーヒー〕を飲みに外出することすらできなくなるだろうと。昨日、幾人かの隣人は、もうテレビを見る必要がなくなってしまったかもしれない。これが大都市だ。思ってもいないときに平穏な日が訪れ、ごく普通の平和を愛する男が原告側証人となる》。

サンティアゴ・ビラノバの記事は検閲された。彼が書いた原稿には、警察の上級本部長が公式に事件の見解を述べたメモが登場している。《強盗たちの危険なグループ》と定義されたグループの履歴に触れられ、簡潔なかたちで事件の経緯が述べられている。《サルバドール・プッチ・アンティック(a)＝「医者」は、一級刑事補佐のフランシスコ・アングアス・バラガンに至近距離から銃を連射し、ほかの警察官と激しい銃撃戦を開始して、結局、負傷して倒れた。一方、書記官（シャビエ・ガリーガ）は逃走を試みたが成功することなく、すでに道路に出ていたが、押さえつけられ、手錠をかけられた》。ここではシャビエ・ガリーガが手錠をかけられたと言っているが、警察官たちはあの日手錠を携行していなかった。これは一つのいい例だ。公式見解を作りあげるために、警察はそこで起こったことのいくつかの局面に修正を加えている。この類の修正は、きっとこれだけではなかっただろう。

二人の負傷者は七時二五分前にバルセロナのクリニコ病院に到着した。当直していた医師はラモン・バルジャウだった。サージェ・ボナノバの元生徒で、サルバドールの兄、ジョアキム・プッチのクラスメートだった。あの日、病院には異常な空気が漂っていた。未明からダンサーのアントニオ・ガデスの兄弟がケンカで刺し傷を負い運ばれてきた。ガデスは、歌手であり女優であるマリソルと結婚していて、あの時代の最も有名な人物の一人であった。病院の従業員たちは、大スターが夫の兄弟を見舞いに来るのではないかという噂で落ち着きがなかった。この期待は、警察官でいっぱいになった救急治療室に立ち込めた空気とは好対照をなしていた。彼らのある者は苦悶の表情をして、ほとんどの者が神経質になり、気持ちが高ぶっていた。医師は初めに若い警察官の体を調べ、すぐに何もするべきことがないと判断した。フランシスコ・アングアスは死亡していた。

ラモン・バルジャウ医師は当時の状況を語る。

「彼を裸にしたら、銃弾で穴だらけでした。私の助手が何かできることはあるかと聞いてきたので、この男はすでに死んでいる、もう一人の負傷者に取り掛かったほうがいいと答えました。のちに、その警察官が受けた銃弾が三発かそれ以上か議論が起こりましたが、私はその後に彼を診ることができませんでしたし、何年も経っているので、正確には言えません。しかし、三ヵ所以上の銃創があったということは確かです。それが五ヵ所だったとか六ヵ所だったとかはもう言えませんが、体には銃弾の跡が並んでいたことをはっきりと覚えています。

ラモン・バルジャウ医師が検査を始めたとき、サルバドールは目覚めていた。つまり、彼は一瞬たりとも意識を失っていなかったのだ。医師は彼の顔の血をぬぐいながら「あなたはキムの弟のサルバドールですか？」とたずねた。サルバドールはやっとのことで「はい」と答えたが、銃弾が下顎を破壊していたので話すことができなかった。この傷のほかに、銃弾によって左肩の裏に傷ができていて、後頭部にも銃の床尾で殴られたことでできた損傷があった。ラモン・バルジャウ医師は当直の外科医、ペラ・ピウラクスにこの患者を引き渡した。彼は手術をして二発の弾を取り出した。その間に、ラモン・バルジャウは警察官の死亡証明書に署名した。そして、こうしたケースの慣例通り、遺体は解剖に付すため法廷医解剖学研究所に移送されなくてはならないと書類に明記した。バルジャウがサルバドールと、警察官の遺体を見たのはそのときが最後だった。

外科的な手術が施されたあと、サルバドールはクリニコ病院五階の二一号室に隔離された。そのフロアは逮捕者を見張るために、二〇人以上の警察官が配備された。看護にあたった看護師たちによれば、入院していた間ずっと、サルバドールはベッドの頭部の金具と手錠でつながれていた。

警察の責任者たちは医師たちを驚かせる決定をした。ラモン・バルジャウ医師の指示を無視して、フランシスコ・アングアスの遺体をその病院から法廷医解剖学研究所に移送するのを許さなかった。彼らは、エンリク・グラナドス通りの警察署で解剖を実施するため、遺体をそこに移送することを当直の判事になんとか許可させた。

事件のその翌日、その解剖を実施した二人の法廷医は調書に、フランシスコ・アングアスは胸部にあった三ヵ所の銃創が原因で死に至ったと書いた。また調書は、弾丸は同じタイプの銃のものであったことを付け加えている。

解剖を実施したその同じ日、警察の身元確認班の捜査官、アンヘル・ペルディゲーロは事件があった場所に関する目視による検証の記録を起こした。そこには、近隣住民の一人がモップをかけたにもかかわらず、階段にはまだ血痕を識別することができたという観察結果を載せている。この捜査官は、犯人の武器から出た銃弾の四つの薬莢が拾い集められていること、そして、警察が携行していた武器は薬莢が出てこないタイプであったことを思い出した。最終的に、調書はプッチ・アンティックの発砲による銃弾の一発は階段の三段目に外れていたということを明記した。

すべては警察にとって明快だった。サルバドールによって発射された四発の銃弾は、解剖で見つかった三ヵ所の銃弾の痕と、階段にあった穴とに符合する。警察によると、フェルナンデス刑事は二発しか撃っておらず、その二発はサルバドールの体にあった傷に呼応していた。ラモン・バルジャウ医師が見たものや、ジローナ通りの銃撃戦の目撃者たちが耳にした銃声の数を考慮しなければ、すべては符合していた。それ以外の部分ではすべてが符合している。

サルバドール・プッチはベッドに手錠でつながれ、彼を憎しみと復習の気持ちを込めて見つめる警察官に囲まれて、ひどい痛みとともに一日目の夜を過ごした。警察官の視線は仲間の死に対する最初の反応だった。サルバドールはこの視線に慣れなくてはならず、そして、さらに困難だったのは、殺人の告発に反論していくことだった。

第6章　一二条

一人の強盗が一人の警察官を殺した。それは九月二六日水曜日、バルセロナのほとんどの新聞が大々的に扱った銃撃戦のニュースの見出しだった。すべての新聞が警察本部長のインタビューを載せ、明らかな犯人として、サルバドール・プッチ・アンティックを一致してあげていた。

インマは、顔にその新聞記事を読んだときの表情をよみがえらせて、こう語った。

「私たちは新聞で知りました。すごい衝撃でした。カルマは通りの売店の前を通り過ぎるとき、その記事を見つけました。私の父は、可哀想に、見出しを信じられないまま午前中ずっとラ・バングアルディア紙を読んでいました。《プッチ・アンティック、警察官を殺す》。恐ろしい苦悶の時間でした。私たちは新聞が書いていたことしか分からなかったのです。彼はケガをしているということでしたが、彼がどこにいるのか分かりませんでした。警察がラジェタ一ナ通りの警察署に彼を拘留しているのではないかと思い、私たちは彼の命が心配でした。当時、ラジェター ナ通りの警察署は逮捕者に野蛮な拷問をしていることで有名だったので……。何をすればいいのか、何を考えればいいのか分かりませんでした。警察官を殺したことを罰しようと、彼らが弟に何をしているのか想像するだけで心が痛みました」

事件モノを扱う週刊誌『エル・カソ』は、このニュースに最も大きなスペースを割いたメディアだった。記者たちはページの中で細部に混乱をきたしながらも、あの出来事をレポートし、ＭＩＬ

のこれまでの活動を紹介し、事件の目撃者たちや、「もう家の中でも安心していられない」と、興奮して話す近隣の住民へのインタビュー記事を載せていた。掲載された膨大な数の事件に関する写真の中に、ひと際目立つ一枚があった。その写真には手書きのメッセージが添えられている花束が写っていた。文字ははっきりと読めた。《フランシスコ・ヘスス・アングアスの思い出に。あなたが好き、お巡りさん。マリア・ルイサ》写真の下にはこう説明があった。《ドアの後ろ、彼女の婚約者の血でタイルが染まった、狭く奥まった場所に、悲運な恋人を忘れないために、慎ましいバラの花束が置かれていた。ここで若い男が死んだ。彼は自らの義務を果たす男で、卑劣なピストル強盗に殺されるまで、人生のすべてが微笑んでいると思っていた》。記事は最後に、この警察官とマリア・ルイサの間には今年中に結婚する約束があったことを、忘れずに記した。

サルバドールの家族は日記を通して、息子がどんな政治活動をいていたのか知った。大半の国民と同様、ＭＩＬに関する話は初めて聞いた。警察と連絡を取ったが、どんな些細な情報も、彼らに知らせることは拒否された。そこで、自分たちを助けてくれるであろう唯一の人に連絡をとった。カルマは、かつて裁判所へ出頭すべきかどうかの問題を抱えたときに助言してくれた弁護士、オリオール・アラウに電話した。

オリオールはあのときのことをこう語った。

「彼の家族から電話を受けたとき、私は事務所にいました。偶然ですが、その前日に私はサルバドールと会う約束がありました。結局、彼は現れなかったのですが、彼は厄介な状況にいるので、私と事務所で会って話しをしたいと言ってきました。私はずっと彼があの日の午後に来るものだと思っていたのですが、彼は私がいた所から通り二つ離れたところで逮捕されました。私は、事務所を共同で運営しているパコ・カミナールに助けを借りて、行動に着手しました。私たちは彼の弁護士だということで警察に行きましたら、彼はクリニコに入院しており、容態は深刻だと言われました。そこで、彼に会わせてくれるよう頼みましたが、叶いませんでした。信じられないことですが、彼が入院している間、私は一度も面会を許されませんでした」

オリオールはすぐに、彼が知りえたサルバドールの状況について、そして、面会はできないといった情報を家族に知らせた。カルマとインマは我慢できなかった。九月二六日の夕方、サルバドールに会いに行く決断をした。

カルマは語る。

「オリオールが私たちに、サルバドールはクリニコ病院にいると知らせてくれたときは、とても救いでした。あそこでは彼らも拷問することはできないでしょうから、安心しました。私たちは出かけました。兄のキムがかつてクリニコで勉強していたので、私たちはあそこで働いている医師たちをたくさん知っていて、彼らに会いに行くことにしました。でも、みんな怖気づいて、彼がどこにいるのか言いたがりませんでした。で、もう頼むことはせず、すぐに取り囲まれました。彼らは質問を始め、頭のてっぺんから足の先まで私たちを調べました。私たちは彼の姉妹で、彼に会うまで帰るつもりはないと言ったんです」

そして、警察官でいっぱいの五階に着いたのです。すぐにフロアからフロアへ彼を探して歩きました。

二人の若い姉妹を取り囲んだ警察官たちは、攻撃的で脅迫的な行動に出た。帰ろうとしないのを見て、階段の方へ彼女たちを押し始めた。インマはあらん限りの大声で《サルバドール、私たちはここよ!》と、叫んだ。

インマは自慢そうに話す。

「変かもしれませんが、私はまったく怖くなかったです。私たち二人はあそこで警察官に取り囲まれて、獣のように叫びました。《サルバドール、私たちはここにいるわ!》って。どこからそんな力が出てきたのか、そんなことして危なくなかったのかなんて分かりませんが、何しろ怖くなかったのです。何日も経って、サルバドールと刑務所で会えたとき、うれしいことに、彼はその叫ぶのを聞いたと言ってくれました。彼は言ったんです、《あんなに叫んだら聞こえないわけないじゃないか》って」

九月二八日、銃撃戦の三日後、サルバドールはケガから目覚しい回復を見せた。そのときの彼の精神的な状態がどうだったか知るのは困難だが、とてもいいはずはなかった。彼は誰の面会も受けることができず、引き続きベッドに手錠でつながれ、警察官の威圧は途切れなかった。午後五時半に、検察官のアレハンドロ・デル・トーロ、政治警察の刑事部長、フリアン・メサス、そして、秘書官としてサンティアゴ・ボシーガス刑事がサルバドールの調書をとった。彼はすべてを説明した。自分のデータや、名前、詳細な情報を述べ、個人的な、心の奥の生活体験さえも告白している。秘書官は調書を書いた。

《ある辛い時期があった。それは約二〇日間続いた。彼が信ずるところでは、個人的な問題と、感情的、情緒的な不安定さが原因となって、正しい睡眠がとれなかった。それゆえに、医師を職業とする彼の兄に相談し、フェルナンド・アングロ医師とペレス・シモン医師、両者とも精神科医であった

が、彼らの診断を受けなさいという助言をもらった》

警察官の死に関しては、サルバドールはどこに向けて撃ったか分からなかった、ただ彼は逃げたい一心で、誰かを殺そうなんて決して思っていなかったと証言した。

調書をとったあと、サンティアゴ・ボシーガスと政治警察の刑事部長はサルバドールが潜んでいた最後のアパートを捜索した。その住所は尋問の中で得た情報の一つだった。パセオ・デ・ヌエストラ・セニョーラ・デル・コルという通りの地下室だった。夜の一一時半に到着し、二人の隣人、ルメイ・エストレージャスとミゲル・ドミンゲスにこの作業の証人となってもらうため、いつものように、立会いを求めた。一丁のピストルとさまざまな型式の弾倉、電気仕掛けの起爆装置、一三〇個のダイナマイトの弾薬筒が見つかった。さらに、パンフレットの膨大な束、書物、宣伝ビラ、MILが編集した雑誌『CIA』一六部を押収することができた。この証拠品は、とくに雑誌の内容が、数週間後に事件の審理を担当することになる裁判官の考えに、否定的な形で影響を与えることになる。

捜索の翌日、軍事法廷は起訴に介入するため最初の動きをみせた。数ヵ月前に下された決定を改め、通常の司法に対し、ファブラ・イ・プッチの襲撃を含むこの事件に対して、関わらないように要請した。彼らの意図は、この事件と警察官フランシスコ・アングアスの死亡の件を合わせて起訴することだった。通常の司法が軍の要請を受け入れたら、サルバドールは通常の裁判ではなく、軍法会議で裁かれることになる。

二日後、一〇月一日、外科医のジョルディ・エスケーラはサルバドールの顔前部に、湾曲した形状で、やわらかい動きをするいくつかの器具を取り付けた。この補綴器具は複雑骨折した下顎骨の痛みを減らし固着させるものであったが、サルバドールにはさらに痛々しい印象が加えられた。その翌日、サルバドールの頭部はワイヤーとゴムで覆われた状態だったが、クリニコ病院の医師たちは彼に退院許可を出した。たぶん、それしか選択肢がなかったのだろうが、警察は彼を刑務所に移送したがり、医師はそれを許可した。調書には、この患者は通院で治療することが可能で、《抗生剤、オラルディーネ、流動食》が必要であるとあった。数日後、病院は警察に入院加療にかかった費用の請求書を送った。一万二千ペセタだった。

サルバドールは一〇月二日にモデロ刑務所に入った。彼は第五歩廊の四四三独房に連れて行かれた。そこは、二年後には、ETAの活動家、ウィルソンが収監されることにもなる独房だった。彼はカレーロ・ブランコに対するテロ実行犯たちの頭脳的存在であった。サルバドールは殺人の容疑で告発されていて、そのため、彼の告発には第一二条が適用された。それは、収監されているほかの者たちとどんな形であれ一切の接触を許さないという隔離の特別措置を求めている。しかし、当時のモデロ刑務所にとって、これを実現するのは困難であった。部屋はわずか六〇八室であり、囚人たちは約二千人いた。彼らの多くは、一つの部屋にほかの囚人と一緒に詰め込まれ、狭い空間を共有しながら手足を伸ばしているといった状況にあった。囚人が個室で収容される唯一の場所は第五歩廊だった。危険だと考えられる収容者のための場所であり、制裁を加えられた囚人のため、脱獄を試みたことのある囚人のため、そして死刑囚のための場所である。サルバドールにあてがわれた独房は、左手の通路の一番手前にあり、看守の事務所の隣にあった。そこは、いつも最も厳しい監視が必要な囚人たちに割り当てられていた。そこは汚れていて、寒く、悲惨だった。一辺が五メートルを少し越えるほどの四角い場所である。調度品といえば一台のベッドであり、テーブル代わりに使える小さな箱だけだった。そのほかには洗面台、便器、小さな蛇口があった。高いところにある窓からは、昼に少し明かりが差した。また、窓からの唯一の景色である、中庭の上の小さく区切られた空を、収容者が座って寄りかかりながら眺めらないよう、窓の周囲はすり鉢状に傾斜がついていた。

サルバドールが刑務所にいると知ったとき、家族はそれを楽観的に受け取り、喜んだ。それはもう、サルバドールが警察の手にはない、彼の健康状態が悪いはずはない、そしてたぶん、彼らが面会に行けるということを意味していた。弁護士のオリオール・アラウは、面会に行けるのは両親や兄弟といった直近の家族だけだろうと伝えた。父親は行きたくないと言い、兄のキムはアメリカ合州国にいた。しかし、その他の直近の家族、つまり、プッチ・アンティックの四人の姉妹は、できるだけ早く、一緒に彼に会いに行けることを願った。彼女たちは化粧をし、持っている中でいちばんいい服で身だしなみを整え、モデロ刑務所の門の前に現れた。かなり長い時間待たされて、結局、面会に訪れたほかの人たちがすべて入ってから、中に行くことをやっと許可された。この扱いは、彼女たちが刑務所に通った数ヵ月の間ずっと続き、慣れていく必要があった。いつも彼女たちは一番最後にされたのだ。この若い四人は、無数の鉄格子のドアを通り抜けて面会室に着くまで、心を固く一つにして歩いた。

インマはそのときのことを語る。

「私たちはとても神経質になっていました。でも、同時にとてもうれしかったのです。最も強く印象に残っているのは彼の目つきでした。彼は私たちの目を伺いながらこちらを見ていました……。そうですよね。そのときの彼は、私たちがどう思っていたのか分からなかったのですから。あれは本当にひどい事件でした。そして、彼は一人の男を殺したことで罪に問われ、私たちがどう反応するか分からなかったわけですから。たぶん、私たちが自分を見捨てるかもしれないと考えていたのでしょう。彼の顔、彼の目……。あの時、私たちに問いかけるあの目は深く記憶に焼きつきました。部屋に入っていった私たちの顔を見て、フッと……。まるで自分自身に対する安堵のため息だったのでしょう。『彼女たちは変わらず自分を思ってくれている、自分を見捨てたりしない』って」

サルバドールは恐ろしい姿になっていた。ゴムやワイヤーの器具が取り付けられ、顔がまったく変形していて、とても痩せて、弱々しかった。ケガのために気分が悪くなり、栄養不足で、長い時間立っていられなかった。しかし、それでも彼と姉妹の間で交わされた視線には苦痛や不安の痕跡はなかった。姉妹は何日も最悪のことを想像していたので、あのとき一番大事だったことは、唯一、彼が生きているということを確認することだった。

インマは言う。

「私たちが交わした初めの言葉が何だったか思い出せませんが、私たちは彼に気分はどうか、と聞き、彼が私たちに言ったのは許しを請うことだけでした。彼は私たちをあの事件に巻き込んだことで、何度も許しを請いました。はっきりと覚えていることは、私たちが口を開いて話し出そうとすると、インターフォンのようなものから『スペイン語で話してください！』と言う声がしました。自分の弟とカタルーニャ語で話せないなんて、それはとても難しいことでした。」

オリオール・アラウは、軍がこの訴訟を自らの手で行なうために行動を起こしたという情報を得た。彼はまだサルバドールの公式な弁護士ではなかった。彼の事件を引き受けることは非常に困難なことで、一人では決断できなかった。彼は、事務所の共同運営者であり友人でもあるパコ・カミナールと力を合わせて取り組む必要があった。

パコ・カミナールは言う。

「私は実際、サルバドールを知りませんでした。彼はオリオールと会うため、一度事務所に来たことがありますが、私は彼と廊下で会ったというあいまいな記憶があるだけです。ですから、再び彼を見たのは軍法会議が開かれたときです。オリオールが二人で彼を助けたいと、彼の訴訟を引き受けたいと言ったとき、私は了解しました。それが招くであろう結果についても十分に意識して決断しました」

サルバドールの弁護を引き受けるということは、それ以外の仕事ができないということを意味した。オリオール・アラウとパコ・カミナールは事務所を開いてまだ五ヵ月しか経っていなかった。彼らとともに、後方支援を担当し、助手の役割をしていたジュアンジョ・フェルナンデス・バルデスも一緒に働いていた。若い二人の弁護士は、その年齢にもかかわらず、十分な経験があって、すべてが楽観的な見通しだった。事務所を開く前、オリオールはポルシオレス公証人役場の役人として働いていた。パコは多国籍企業から奨学金をもらっていた。彼らはこのとき得たお金と人脈で、信望厚い法律事務所をこの街に開こうと決めた。開業してからここまでの間、彼らは仕事を分担していた。オリオールは刑事事件を担当し、パコは労働問題や民事の仕事を引き受けた。しかし、その分担は初めの数ヵ月だけで終わった。つまり、サルバドールの弁護をするときまでのことであった。

自宅で私のインタビューを受けたパコ・カミナールは、オリオールのことをこう評価した。

「私たちはすべてを諦め、この訴訟に没頭しなくてはなりませんでした。オリオール・アラウのそばで友人たちが仕事を始めたとき、彼らが感じたものが何だったのか確認するには、額や賞状や写真でいっぱいの壁を見たら十分でしょう。現在の彼は地位も名声もあるプロフェッショナルです。これは別に主観的な評価ではありません。彼はスペイン司法全体会議の委員の一人なのですから。あの当時、私たちはもうあの件に首を突っ込むしかありませんでした。二五歳の青年、サルバドールが人生を危険に晒したのですから」

実際には、サルバドールの人生だけが危険に晒されたわけではなかった。この二人の若き弁護士たちもあの冒険で失ったものは大きかった。パコ・カミナールは言う。

「私たちがあの裁判を引き受けると知ったとき、仲間たちの反応は面白かったです。会話が進んでいくにつれて、情熱的だった頃を思い出させる初めのまじめで厳格な態度は背後に隠れていって、驚きの感情も込めて、私たちを可哀想に思ったようです。『あなたたちはなんて勇敢なんだ!』って言っておきながら、すぐそのあとで、もう仕事ができなくなるぞ、困難な人生が待ち構えているぞ、自分がどこに足を突っ込んでいるのか分かっていないのではないか、と言いました。またほかの仲間は、少し違った口調で私たちに警告しました。彼らは、私たちがそんなに若くて輝かしい経歴を持っているのに、何で警察官を殺したアナキストの弁護をするなどという、危険を冒すのかと言いました。そして、この決断によって、将来、私たちにたくさんの扉が閉ざされてしまうということを、もっと考えるべきだと付け加えました」

これを助言してくれた人たちは間違ってはいなかった。将来を待つ必要もなかった。問題がやってくるのはすぐだった。パコ・カミナールは弁護士として、公務員労働組合組織のバジェス地区労働組合の事務官だったが、プッチ・アンティックを弁護したことで辞任を強要された。何年か前にオリオール・アラウに行なったインタビューの中で、彼は次のことを繰り返し強調した。

「重大なことは彼が警察官を殺していることです。たぶん、今の若い人たちはあの当時の警察が持っていた権力を理解するのは難しいでしょう。それは、刑事事件に携わる弁護士で、警察がいまだに強い権力を保持していることを知っている弁護士だから分かるのです。さらに、死者は政治警察に所属する人間でした。この政治警察というものはかつて……。私はゲシュタポを経験していませんが、私の先祖が言うには、ゲシュタポとあの政治警察とはあまり違わないということでした。警察は巨大な権力を握っていて、彼らは直接的に損害を受けたと感じていたわけです。強盗たちは警察官の一人を殺し、それも若い警察官でしたから、状況は深刻でした」

弁護士たちが弁護の準備をしている間に、サルバドールの元仲間たちは混乱を収拾しようとしていた。オリオール・ソレー、マリアン・マテオス、ジュゼップ・ジュイス・ポンスも難しい状況にいたことは、みんなが知っていたが、サルバドールに降りかかっている問題に比べたら何でもなかった。バルセロナにいた元仲間たちは逃走計画を練り始めた。それはリスクのある作戦だったが、不可能には思えなかった。ＭＩＬのいくつかの活動に参加したことがあるフィリップ・ソレーとジュアン・ビニョレスのＯＬＬＡのメンバーが主導権を握って作ったプランだ。ＭＩＬの創設者でサルバドールの友人であり、数ヵ月前にグループを離れていたイグナジ・ソレーもまた、逃走を組織するために

OLLAに加わった。一方、トゥールーズには自由の身のMILのメンバーとして、ジャン・マルク・ルジャンとジャン・クロード・トーレ、ジョルディ・ソレーといった三人がいた。しかし、彼らはバルセロナにおけるすべての基盤を失い、安全でもなかったため、どうしても戻ることができなかった。彼らがやらなくてはならなかったことは、フランスからやろうと決めた。

ジョルディ・ソレーは言う。

「私たちは何かを始めるにも、お金がまったくありませんでした。私たちとコンタクトがあったヨーロッパのアナキスト・グループの助けを借りて、国際的な奪還運動を組織することに決めました。また、サルバドールとの交換を要求するために、有名な人物の誘拐を実行しようと決めました。しかし、それをするにもお金が必要でした。フランスでは安全対策がとても強力でしたから、銀行を襲う考えも捨てなくてはなりませんでした。残ったのは、麻薬密売人たちからお金を騙し取ることでした」

ジャン・マルク・ルジャンは密売人たちのあるグループを知っていた。ハシッシでいっぱいになったスーツケースをスペインから運んできたと彼らに知らせ、トゥールーズの郊外にある古い農家で会う申し合わせをした。三人の若者はその場所にスーツケースを持って現れたが、それを開くと、もちろん、中には麻薬なんてなくて、機関銃が飛び出した。密売人たちは素早く反応した。彼らもやはり武装していて、約束したもの、つまりお金は持ってきていなかった。初めの緊張は吹っ飛んで、この約束は気まずい結果に終わった。幸運なことに一発も撃つことはなかったので、彼らは生きて戻ってくることができた。

ジョルディ・ソレーは付け加えた。

「こうした失敗がいくつかあって、ジャン・マルクはスペイン大使を誘拐しようとパリに行き、私はトゥールーズに残りました。私は印刷に専念しようと決めたんです。私たちはまだ盗んだ印刷機械を持っていましたし、《37年5月》の出版の活性化と、多くのヨーロッパの都市に登場してきた、彼らと連帯するグループとの関係維持を積極的に進めていこうと自ら決めました」

刑務所では、サルバドールは苛酷で厳しい規則に早く適応しなくてはならなかった。私生活はなかった。独房に一人でいたにもかかわらず、看守たちは覗き穴から絶えず彼を監視していたからだ。それは、そのときの彼を縛り付けていた規則の一つだった。日々の時間割に変更はありえず、時間は召集ラッパで区切られていた。初めの合図は七時だった。起床ラッパが聞こえると、収監者たちの点呼があった。非常に不安定な健康状態であれば、囚人たちは食事を独房でとることを義務付けられた。それ以外の者は午前と午後、二度中庭に出た。サルバドールは一日に一時間だけ部屋から出ることが許された。看守の監視の下に、一人でいなければならなかった。ほかの囚人たちとコンタクトをとることは一切許されなかった。許された面会は直接の家族とだけで、週に二回、それぞれ二〇分間会うことができた。弁護士との接見には、必要と認められたときだけ行くことができた。

パコ・カミナールは強調する。

「オリオール・アラウは毎日刑務所に行ってました。毎日です。誰かの弁護で、かつてあれほど職業としても、個人としても立派に献身した人を、私は見たことがありません。それはオリオールだけができたことです。彼は自分の中に持っていたものをすべて出しました。弁護の能力、熱意、時間、お金、健康……、すべてを与えました。すべてをサルバドールの弁護に費やしました。私が弁護活動をするようになって長い長い年月が経ちましたが、あのときの彼ほど熱心に弁護した人を、今まで、一度も見たことがありません。あれはとても特殊な事件でしたが、ほかの人だったらあそこまではできなかったでしょう」

オリオールが刑務所に通ううちに、彼とサルバドールの間には職業上の関係以上に、誠実で深い友情が育まれていった。オリオールは仕事以外でも、頼まれごとを引き受けたり、単に話をするためだけに刑務所まで会いに行った。彼を通して、サルバドールは姉や妹たちに本を差し入れてくれるように頼んだ。刑務所の規則は読書やものを書くことを禁じてはいなかった。

インマは記憶をたどる。

「私たちは面会に行くたびに食べ物を持っていきました。現に、彼が食べ始めると、とてもうれしくなりました。ハブーゴの生ハム［ウエルバ県特産のハモン・イベリコ］や、チョコレート、たくさんのチョコレートを持っていきました。彼はすごく甘党だったのです。彼が私たちに本が読みたいと言ったとき、時間つぶしに読めるような本を、一抱え用意したのを覚えています。それが気晴らしになればと持って行きました。私はあまり本のことを知らないので、彼にどんな本を差し入れたのか思い出せませんが、私は彼が楽しめるようにと、軽い小説なんかを買ったんだと思います。そして、次に彼に会いに行ったとき、彼は私を上から下までじっと眺め、こう言ったんです。『ぼくを馬鹿だと思っているの』って」

互いの誤解を解いて、刑務所の責任者の検閲を経て、彼の姉妹は心理学、哲学、古典小説の本を彼に届けることができた。彼が見つけた、独房での孤立した生活に耐えるのにすごく力になってくれたことの一つに、ギリシャ語やラテン語の翻訳があった。辞書を手にして長い時間、彼は『オデュッセイア』や『イリアス』、『アエネイス』の翻訳をして過ごした。書くことは彼が時間をやり過ごすのに役立った。彼が書いた初めての手紙は、父親宛のものだった。父親はまだ彼に会いに来ておらず、サルバドールと父親が交わした言葉は、娘たちを通してのものだけだった。面会に行くごとに、姉や妹たちは《パパがあなたのことをとても心配している》と伝えた。サルバドールは手紙を一〇月一四日に書いた。刑務所でなされたすべての会話と同様、看守たちが読めるように手紙もスペイン語でなければならなかった。

私の考えを明確に表現するために二つの問題を書きます。（これが、手紙の日付のあとに書かれた最初の文章だった）

1　子どもたちは、自分の両親のことを、両親が思う以上に、そして想像する以上に知っているものです。これから言うことは、事実からあまり大きく外れていないと思います。先月の二五日の事件で突然驚かせてしまったことはさておき、あなたは、息子がこの人生の困難を何とか乗り切っていくために、最善の可能な方法を与えてきたか、そのために必要なことをすべてやってきたかと、何度も自分自身に問いかけたことでしょう。そして、これが原因であなたは不安な日々を過ごしてきたのだと想像します。

でも、こんな問題で悩むなんて絶対しないでください。あなたはぼくに対して、そして兄弟

みんなに対して、あなたの良心が価値があると信じたことをやってきました。ぼくはそれであなたを非難するどころか、感謝しています。あなたは、責任を引き受け、それに答えを出せるようになるための教育を与えてくれました。現在、ぼくは深刻な事態に直面していますが、責任はすべて引き受けようと思っています。簡単ではないでしょう。しかし、それに立ち向かわなくてはならない人はぼくだけであり、ぼくなのです。

2　今、ぼくは元気です。身体的にはほどんど回復しています。ぼくは刑務所の生活についてあなたに話したくありませんが、ぼくは殉教者だとは思っていないし、無償の行為は決して好きではないことを言っておきます。ぼくのことで苦しまないでください。簡単ではないかもしれませんが、ぼくは一人で状況に立ち向かうことができ、そうすべきだと思います。それに、姉妹の面会と食べ物がいっぱいの〝お弁当〟は、今のぼくにはとても大きな価値のある支援です。

ぼくたちは政治的には決して同意できないでしょうが、あなたは父親として、そして、人生で波乱の時期を生き、それでも正しいと信じる原則を捨てなかった一人の男として、精神的な支援を、できうるなら、期待します。

たぶん、ぼくの言葉には感情が欠けていると感じるかもしれません。でも、そうではありません。ぼくたちは余りにもたくさんのことを共有しているので、言葉の正確な意味を見失う危険性があります。かつてないほど、頭を明晰にしておきたいのです。強い哀れみや感情の爆発は好きではありません。あなたがこの手紙の意味を理解してくれることを、そして、辛いかもしれませんが、息子を理解しようとしてくれることを望みます。永遠のあなたの息子。

サルバドール・プッチ

父ジョアキム・プッチはこの手紙に返事を書くことができなかった。サルバドールがこの手紙で願った精神的な支援は、唯一、姉妹たちを通して間接的に彼に届いた。

カルマはいらだたしい表情を浮かべて話す。

「父は自分の殻に閉じこもっていました。可哀想な父はすごく落ち込んで、状況が彼を完全に打ちのめしていました。手紙を受け取ったあと、彼が便箋を前に机に向かって座り、返事を書こうとしていたのを覚えています。でも、書けませんでした。書き始めてはすぐに破りました。どうしていいか分からなかったのです。私は《サルバドール、いつもお前と一緒だ。お前を想っている。お前の父より》といった、たった四行書くのに何が難しいのか彼に聞きました。でも、彼はできませんでした。彼はサルバドールほど強くなかったのです。サルバドールが刑務所にいた間、彼は手紙も書けなかったし、会いにも行けませんでした……。現在、年月が流れ、私は父を少し理解できるようになりました。可哀想な父は非常に苦しみ、辛い日々を過ごしました。彼は恐ろしかったんだと思います。とても恐ろしかったんだと。息子に起こるかもしれないことへの恐怖、そして人びとが何と言うかという恐怖。それに、どう反応していいのかも分からなかったんだと思います。というのも、サルバドールの状況は父自身の過去、つまり父が死刑囚でいたときのことを思い出させたからです。でも、私にとって最も辛かったのは、サルバドールが彼を必要としても、彼を頼りにできなかったことです」

彼女たちは週に二度、水曜日と土曜日に彼に会いに行っていたが、手紙を書くことも多かった。最も頻繁に書いたのはカルマだった。彼女がサルバドールに送った初めての手紙には、こう書かれていた。

私たちの手紙をあなたが受け取れるなんて知りませんでした。それを知ったとき、私はあなたのすぐそばにいるような気分になって、すごくうれしくなりました。この前の水曜日、私が会いに行ったとき、あなたは元気がなかった。オリオールはその三時間後にあなたと話し、あなたがより快適な独房に移ったということを言っていました。……サルバドール、私は会いに行っても、あまりしゃべらないでしょ。元気にしているか聞いて、あなたを見つめ、たくさん見つめるだけです。ときどき、あなたの視線が多くのことを語ってくれるので、話す必要がないんです。……パパについて話さなくてもいいわよね。本当は彼のことよく分からないの。あまり話さないし。……あなたのことをとても想っています。

カルマ

この手紙はサルバドールの手には渡らなかった。カタルーニャ語で書かれていたからだ。カルマはその当時の規則を知らず、看守たちは封筒の上に二つの言葉を添えて送り返した。――《EN CASTELLANO》［スペイン語で］インマは思い出す。

「刑務所にいた間、サルバドールはカルマととても頻繁に手紙をやり取りしていました。彼女は会いに行ったときほとんど口を開きませんでしたから、書く必要があったんだと思います。見つめるだけでした。目をまん丸に見開いて黙っていました。一方、私はしゃべりまくりました。どんなことでも、何についても話していました。彼に和んでもらいたかったのです。私たち四人は、とくに、辛い話しは彼にしないでおこうと誓っていたからです」

カルマが送った初めての手紙の返事には、優しくスペルミスを叱るほかに、彼女の献身と理解に感謝し、彼女がしゃべらないことについても、彼女を安心させている。

> 面会にきてくれたとき、お前は黙りこくっていてもかまわないんだよ。お前の沈黙は生きている。あれは多くを語る沈黙だ。ぼくは理解している。ぼくらが視線をちらりと合わせたとき、お前が感じているものを、ぼくは分かっているつもりだ。ありがたいとさえ思っている。言葉や音を超えてぼくらは出会っている。それは未知のものを手にするような感じだ。

さらに同じ手紙で、サルバドールは妹を信頼し、より深い心の奥を語る。

> この待ち時間にも、お前を理解し、お前をそばに感じることはすごい心の支えだ。小さな単純なこともすごく重要なことになる。一通の手紙……、一箱の何か……。面会はお前が、お前たちがぼくのそばにいるという証です。そして、それこそが今、ぼくが必要としていることな

のです。ぼくの、今もまだ不安な精神は、こうした強さと愛の注入が必要なのです。悲劇的で矛盾しているのは、今、刑務所で、これに気づいて、自分がさもしいと感じるときです。あたかも自己正当化しようとしているみたいだってことです。ぼくは少し罪を感じ、同時に満足も感じています。ぼくには素敵な仲間がいます。それは孤独です。これと一緒にいると、昔を思い出し、元気が出て、悲観的になり、本を読み、ものを書く……。そして、ぼくは孤独と眠る！

サルバドールが孤独感を少し和らげるまで、そんなに時間はかからなかった。何も変わったわけではない。彼は引き続き隔離されたままだった。しかし、一〇月の末に彼の仲間、オリオール・ソレーとジュゼップ・ジュイス・ポンスがモデロ刑務所に移されてきて、第五歩廊に入れられた。彼らの入所は、鉄格子の間で生活した初めの頃の単調さを打ち壊した。サルバドールは彼らに会うことも話すこともできなかったが、一緒にいるという感覚は持つことができた。ベルベーで逮捕されたあと、オリオールとジュゼップ・ジュイスはモデロ刑務所に来るまで、ヘローナとレリダの刑務所にいた。彼らにかけられた起訴の容疑はサルバドールのそれほどは重くはなかった。それゆえ、彼らに第一二条は適用されず、隔離もされていなかった。辛いのは、確かだった。監視と厳しい生活はこの階のほかの収容者と一緒だった。

ジュゼップ・ジュイス・ポンスは語る。

「第五歩廊での生活に嫌な思い出はありません。たしかにほかの歩廊の囚人たちより厳しく管理されて、危険な囚人たちを収容する規律の厳しい所でした。それでも、私にとってたくさんいい面がありました。まず初めに、囚人たちの数です。あそこは四〇人で、それはそれで贅沢でした。ほかでは野蛮なほどぎゅうぎゅう詰めでした。一つの部屋にそれぞれ四人から五人入れられていました。でも、私には、たとえたくさんの規則や監視があって、看守たちがひどいヤツラだとしても、自分一人のための独房がありました」

彼らはすぐに、サルバドールが服していた、隔離の管理体制を欺く方策を見つけた。オリオール・ソレーは自ら進んで担当を申し出て、それによってあるメッセージをサルバドールのもとに送ることに成功し、彼とは四つの文章を交換することができた。〝担当〟や〝手近な足〟と言われる囚人は、そのフロアの最も日常的な仕事で、看守たちを助ける囚人たちのことだった。オリオールは単にサルバドールと話をするためだけに担当を買って出ていたわけではない。彼は刑務所に入ると、いつも自らに義務を課していた。それは、逃亡するということだ。彼の刑務所での履歴は、逃走の企てでぎっしりと埋まっている。それゆえ、彼はいつも刑務所の人たちの信頼を勝ち取ることに精を出し、彼の計画に役に立つような特権的状況を手にするために、経験を活かした。その二年後、オリオールのこうした姿勢は、彼の経歴を十分に知らなかったＥＴＡの囚人の集団から不信を買うことになった。オリオールとジュゼップ・ジュイスがセゴビアの刑務所で大々的な脱獄を企てていたとき、ＥＴＡの一部のメンバーと気が合った。計画を主導していた者たちは、初め、オリオールが敵の協力者だということで、参加させたがらなかった。しかし、結局、オリオールをよく知る仲間の囚人たちが組織の純血主義者たちの抵抗を解消して、参加できるようにし、オリオールはＥＴＡの囚人たちと一緒になってセゴビアから逃亡した。彼が治安警察隊の銃弾に倒れたのは、この逃走の途中だった。

ジュゼップ・ジュイス・ポンスが当時を語る。

「サルバドールと一緒に刑務所にいた間、私が彼に会えたのはたった二回でした。一緒に出廷することになった軍事法廷のときと、もう一回は偶然の突発的な出会いでした。オリオールはもっと彼に会っていました。彼らはとてつもなく冷淡でよそよそしい態度の人たちでしたからね。それは私が絶対やろうとしなかったことです。看守たちにおべっかを使っていましたからね。私にとって、看守というのは弾圧執行機関の序列の中で、最低の最も惨めな人たちです。こんなに人を不快にする職業をどうしたら選べるものなのか、私には決して理解できません」

彼が感じた憎しみは、彼が第五歩廊の看守たちから受けた扱いを知れば、当然のことだったのかもしれない。その看守は最も厳格で、刑務所で最悪の評判の人たちだった。

「私たちがシャワーを浴びていたとき、椅子を持ち出して、そこに座ってじっとこっちを見つめていたヤツがいました。それは屈辱的でした。彼は私たちを辱めて楽しんでいました」

看守たちの冷酷さと残酷さは、第五歩廊の囚人たちの危険度に合わされていた。大半はありきたりの犯罪者たちだったが、一部は犯罪者の上流階級ともいえる人たちだった。あそこにはペドラルベスの殺人者、ホセ・セルベートがいた。そして一一の顔を持ち、プエルトリコ人ギャングで、大規模な麻薬取引を仕切っていたフローレス、コルシカ島のマフィアで殺し屋のロッシ、バキージャの異母兄弟であるフリアン・ウガル・クエンカがいた。ＭＩＬの若者たちはそのフロアで唯一の政治犯だった。

ジュゼップ・ジュイス・ポンスはこう解説した。

「確かに私たちは十分に尊敬されていました。それはまず、私たちが政治犯だったからです。そして、私たちが武装組織に参加していて、活動の中で一人の警察官が死んだからです。第五歩廊には国際的な犯罪の名士たちもいて、私たちにとても親切でしたよ。そういった人たちの一部とは友情も育みました。彼らはとても興味深い人物で、彼らの中には世界の半分を行き来していた人もいました。彼らが理解できなかった唯一のことは、私たちが実行してきた襲撃について彼らに話したときのことでした。それで私たちがお金持ちじゃないのは何故だって言うわけです。だから、ある意味で私たちを《まぬけ》と思ったかもしれません。私たちは惨めな給料で働いている人たちほど、まぬけではなかったです。でも、彼らは惨めな給料で働いて生活しなくてはならない人たちがいるということを想像できないばかりか、私たちについても理解しませんでしたね」

一〇月二六日、軍事法廷はファブラ・イ・プッチの襲撃と警察官の死に関連し、サルバドール・プッチ・アンティックに対する起訴状を公にした。これは結局、通常の裁判では審理しないということを意味した。そのときから、この事件の予審判事に指名された陸軍中佐のネメシオ・アルバレスは、軍事裁判を準備するため証拠を集め、証言をとり始めた。早急にリストを作り上げることが彼に課された課題だった。軍法会議の審理の進行は非常に速く、そこでは、何事も模範的な価値を有することが習わしで、逮捕者にとってはほんのわずかな保証しか与えられていなかった。

もし予審判事がほんの僅かな時間しか持てないとしたら、弁護士にはさらに短い時間しかなかった。何をさておいても、もう一度最後に、この事件を通常の裁判所に戻す試みをしなくてはならなかった。オリオール・アラウはこの起訴状を無効にする申し立てを作成するために、助手たちと事務所に閉じこもった。申し立ての論拠を見つけ、軍法会議を避けるためには、二日間集中して、本当に眠ることもなく、軍事裁判法典を徹底的に学ばなければならなかった。

起訴状の知らせがあってから三日後、法律で定められた期限が来て、オリオール・アラウは再考を求める文書を提出した。それは軍が提出した書類の、彼に言わせれば不明瞭で不正確なものをすべて明らかにした一二ページのものだった。同時に、この事件を扱う裁判権がどうであれ、証拠として、警察署で行なわれた解剖の報告書、そしてクリニコ病院へのサルバドールの入院に関する報告書が必要であり、フランシスコ・アングアスを殺害した銃弾が、すべて同じ武器から発射されたものかどうかを最終的に確認するために、弾道に関する専門家の鑑定報告書が添えられるべきだと求めた。

オリオール・アラウは自らの方法にあまり多くを期待していなかった。受け入れられるのは非常に難しいと分かっていた。さらに、起訴状を詳細に読むと悲観的にならざるを得なかった。明確な言及はなかったが、死刑を求刑することもありうると直観させる内容だった。最悪の事態に備えなくてはならなかった。それゆえ、オリオール・アラウはバルセロナの弁護士会や、青年弁護士会、弁護活動全体会議などに手紙を書いた。もし死刑判決に対抗しなくてはならないなら、準備万端でなければならないし、何と言っても孤立して闘わないことが肝心である。

オリオール・アラウは説明する。

「サルバドールは私よりははるかに小さな疑問しかもっていなかったと思います。あの当時、フランコ体制の反対派組織に参加したらもちろん、単に共感を抱いたりしただけでも、それは刑務所に入ることを意味しました。ですから、フランコの支配に反対したり、ましてや、武装活動を実行する人は、殺されるかもしれないということを意識していました」

フランコ独裁に反対しただけで刑務所に入れられるという分かりやすい実例に、一一三人の逮捕者を出した事件がある。一〇月二八日は日曜日だった。バルセロナでは、マスコミの関心は、サッカーチーム、バルサの新しいスターを紹介することに集まっていた。あの日の午後、ヨハン・クライフはアスールグラナのユニフォームを着て、初めてカンプノウの試合に出場したのだ。あの日曜日の午前、モデロ刑務所から何メートルも離れていないサンタ・マリア・メディアネーラ教会に、「カタルーニャ会議」の集会を開くために一一三人が集まった。この団体は反対派の政党や政治組織、市民団体の意思の統合をはかり、体制に抵抗する統一的な運動の足場になっていた。彼らのスローガンは明快で簡潔だった。自由、恩赦、自治州憲章だった。民主勢力の多くの組織の間に存在した広範な合意に則った要求だった。ＭＩＬの若者たちは、当然だが、この会議に決して参加しようとしなかった。会議の方も、あの時点までは、投獄されたＭＩＬのメンバーたちの状況に言及したり、非難したりすることは決してなかった。

集会が始まって一時間とちょっとが過ぎたとき、教会を包囲していた警察が九五人の男性と一八人の女性参加者を、全員逮捕した。いつものように、彼らをラジェタ―ナ通りの警察署に手錠をかけて連行した。一一三人に尋問調書をとったあと、彼らを刑務所に移送した。女性たちはトリニダー刑務所に、男性たちはモデロ刑務所だ。

オリオール・アラウは言う。

「一一三人の逮捕は愚かどころか、死に瀕した体制の絶望をよく表しています。彼らが自分たちのやっていることをちゃんと計算していたのかどうかは分かりません。でも、一一三人の政治犯というのは、一一三人の弁護士が来て、それに対応する裁判官と検事も必要だということです。当時のスペインの裁判所は、そんな事態の処理に対応できる能力はありませんでした。さらには、それに加えて、刑務所の内部規則の問題がありました。この逮捕者たちがみんな入ってくるわけですからね」

逮捕者たちはモデロ刑務所の過密状態をさらに深刻にするのに貢献した。彼らは第四歩廊に収容された。あのとき、もしジュゼップ・ジュイス・ポンスが言うように、第五歩廊には国内外の犯罪者の上流階級がいたというなら、第四歩廊には、現在と未来の、カタルーニャにおける政治的な最上級クラスの人たちがいたのだといえる。

一一三人の逮捕に対する市民の反応はすぐに表れた。各組織の動員や抗議する運動がカタルーニャの街や村にも広がった。そして「カタルーニャ会議」は、大半の指導者たちが鉄格子の中に入ってしまったにもかかわらず、人びとを集める大きな力を維持し、それをこの機会に見せ付けた。平行して、オリオール・アラウが始めた事件の真相を伝える活動には、反対派のより穏健な人びとを敏感にさせていたにもかかわらず、そして政治的な違いがあるにもかかわらず、彼らは協力する意思を表明した。「カタルーニャ会議」の人びとはサルバドールらの置かれた状況の告発も行なうために、ＭＩＬの服役者たちとコンタクトを取った。しかし彼らの間にあったものは単に政治的な相違だけではなく、極めて重要な大きな違いが横たわっていた。ＭＩＬの若者たちは「カタルーニャ会議」のほとんどのメンバーに、フランコ主義者たちと同様の遠い距離を感じていた。オリオール・ソレーは、サルバドールとの間にあった散発的なコンタクトのひとつで、彼らが「カタルーニャ会議」の人たちの申し出を断ったこと、でも、サルバドールは自分自身の状況を考えて、オリオール・ソレーたちとは別の方法で行動してもよいと伝えた。サルバドールの反応は毅然としていた。彼も、彼自身の言葉をここに引用すれば、やはり《改革主義者たちに利用される》ことは好まなかった。

サルバドールとその仲間たちの起訴に抗議する活動のすべての責任は、個人の小さなグループの手に委ねられた。バルセロナとフランスでは、事件の数少ない共感者たちが活動の輪を広げようとしていた。バルセロナのグループは、脱走計画を練り続けることとは別に、MILの囚人たちとの連帯委員会を立ち上げ、逮捕者の政治的な明確な意志を明らかにするよう要求する計画を立てた。というのも、報道は彼らを普通の犯罪者としてしか扱っていなかったからだ。一方、刑務所では、サルバドールが感じることができる唯一の具体的な支えは、姉妹が彼に与えてくれるそれだけだった。彼の状況は、一一三人の投獄があってからも何もよくなってはいなかった。彼女たちは毎週水曜日と土曜日に、いつも面会室に最後に入っていくために、辛抱強く行列に並んでいた。

インマ・プッチは一一三人逮捕の事件があってからの状況を語る。

「一一三人の家族が到着すると、面会の雰囲気は信じられないほど変わりました。いつもジプシーの女性たちや一般囚人の親戚が並んでいて、賑やかで、私たちもその一部の人たちとは好ましい親交を結びましたが、その上に一一三人の逮捕者の到着があって、その場所は一気に溢れかえりました」

インマはあのこっけいな状況を思い出して笑った。思うに、単なる想像なのかもしれないが、一一三人の逮捕者の家族がやってきたことは、四人の姉妹にとって精神的支援になったはずだ。少なくとも、より身近に感じることができ、共通したより強い絆を持てるかもしれない人びととの接触の可能性があった。あのときの面会のこっけいな雰囲気を思い出すと、インマは思わず愉快になったが、その表情を払いのけるかのように、きっぱりと言った。

「一二三人の逮捕者の家族たちとは、少しもコンタクトを持ちませんでした。彼らはとてもインテリでした。私たちは彼らと同じだとは感じなかったし、彼らもそれを私たちに感じなかったと思います。サルバドールは非常に危険な囚人だと分類されていて、あの人たちは同じだと見られないように、私たちに近づこうとはしませんでした」

サルバドールの姉妹は、それぞれが違った形であの刑務所の面会を記憶している。最も幼いメルソナにとってはお兄さんに会いに、毎週、モデロ刑務所に行くことは普通でない体験だった。彼女が保存している記憶は、明らかに、姉たちとのものとは同じではなかった。

メルソナ・プッチはこう証言する。

「率直に言って、面会に行っていたあの頃はとても楽しかったです。私は一三歳でしたから、サルバドールに持っていってあげるために、本や食べ物を買いに行って、食べ物をいっぱい入れた〝お弁当〟を作ったりすることはとても面白い体験でした。刑務所の雰囲気だってとても愉快でした。それに、あの頃は、あのような事件や出来事があったので、好きなときに学校から帰ることができたのです。私に残る思い出は、本当に素晴らしいものばかりです」

もし姉たちにとって、サルバドールがしたことの理由が理解困難だったとすれば、メルソナにとってはそれは理解不能だった。たぶんこの理由で、そして彼女に感じていた崇敬の念がゆえに、サルバドールは彼女に一通の手紙を書いた。この状況を理解するのに役立つ素材を彼女に与えようと。

メルソナ

……手紙を書いて、……手紙を書いて。インスピレーションは厄介だ。細かいことや考えを表現するのはまさに戦いだ、そんな訳の分からない思いがぼくにはある。

雲のさらに上、ずっと上の方で、誰かがぼくを待っているのは知っている。海の上を歩いたり、山を飛び越える能力がある人は誰？ なぜ霧が景色をぼんやりさせるの？ そして太陽が、何で回り続けるか？ 御伽ばなしの妖精はどこに隠れたの？ お前は魔法の杖を失くしたのか？

質問、問題、疑問、そして省略記号。想像力はお前を助けてくれるものなのか、それとも景色をぼんやりさせる霧なのか？ お前に言いたいこと……。何とたくさんあることか！ そして何を言ったらいいのか？

言葉をさえぎるあの目はどこにいったの？

いつか、ぼくはぼくについてお前に話すよ。でも、待って。すべてがぼくの中で破裂するのを待ってください。ぼくを絞って、おりが沈んで澄み切るまで。ワインはたくさん年をとると、さらに美味しくなって、さらに素敵に香る。

［中略］

手紙は今読み終わったところ？ しまっておく？ 破っちゃえ。でもあそこ、あの遠いところ（地平線、海、山）を見つめるのはやめないで。それは、今の生き方を残念に感じさせ、ぼくたちに、ぼくたちの将来の存在理由を映し出してくれる。

《私は今夜／心にひどい傷を感じ／言葉に感動する》（アルベルティ）

お前を好きな

サルバドール

一一月の末、展開は加速された。軍事法廷は後には引かず、一六日には弁護側に、変更の要請書は受け入れられないと通達してきた。事件は通常の裁判所には移されないことがはっきりした。しかし、解剖と入院の調書は証拠として含まれるべき、という弁護士が行なった要請は受け入れられた。そして、最も強い関心を持って受け入れられることを願った、弁護側が提出した第三の要請は却下された。弾道の専門家による鑑定書の要求は許されなかった。

そうこうしているうち、予審判事、ネメシオ・アルバレス陸軍中佐は、刑務所への面会を精力的にこなした。彼は起訴の準備をしなくてはならず、それゆえ、軍事法廷の三人の被告から証言を取らなくてはならなかった。サルバドールや、ジュゼップ・ジュイス・ポンス、そしてマリアン・マテオスも軍隊の尋問に慣れてしまった。

ジュゼップ・ジュイス・ポンスはそのときのことを話す。

「それは馬鹿げた状況でした。あそこに、しょっちゅうあの男がやってきて、意味のない持って回った言い方と軍隊言葉をどっさり詰め込んで、書類を埋めていきました。例えばこんなことを書いていました。『私は、名はホセ・ルイス・ポンス・ジョベット［ジュゼップ・ジュイスは、スペイン語ではホセ・ルイスとなる］と申す、白いシャツを着て、ジーパンを穿いた民間人を前にしている。現在は午前一〇時であり……』。あれは本当に漫画みたいな状況でした。とにかく、彼は扱いがすごく礼儀正しくて、ファシストの軍人の典型のような顔でした。でも、彼がすごく人間的なヤツだったというのも本当です。彼はよく『ホセ・ルイス、私はマリア・アングスティアス［マリアンは、スペイン語ではマリアとなる］と面会するためにトリニダーに行く。彼女にお前からだって、何か伝えてもらいたいことはあるか』って言うんです。私は当然、いいえって言いましたが、そうすると、彼は私に、次回は初めにトリニダーに行くから、彼女がお前に伝えたいことがあるかどうか聞いて、お前に伝えようって、私に答えるんですよ」

この出来事がたどる展開を見て、オリオール・アラウは新しい戦略を試みた。軍事裁判所に、サルバドールが彼の信頼する精神科医、ジュアン・オビウルスに診断してもらうことを許可するよう要請した。オリオールは彼の依頼人の精神の健康状態が混乱しているということを提示して、要請を正当化した。弁護人は、家族やサルバドール自身から出てくる要請に応えるというだけでなく、裁判所を振り回すことができる論法をいろいろと試みようとした。法務長官の返答は迅速で、きっぱりとしていた。二人の軍精神科医、カルロス・ルイス司令官とマヌエル・ルイス隊長が指名され、診断が必要かどうか注意深く見守るというものだった。がっかりしたオリオールは申し出を取り下げた。

刑務所では、サルバドールが訴訟を準備している軍人たちの頻繁な面会を受けていた。一一月二八日、看守たちが新しい面会があるからと、サルバドールを面会室に連れて行っても、彼が不思議に思うことはなかった。しかし、彼が面会室に着いても予想した人はいなかった。あの日は、予審判事ではなく、自らが作った暫定的な論告を読むために軍の検事が来ていた。それは早口で読まれ、論拠が混乱していたが、結論に到達する直前にぴたりと止まった。検事はサルバドールを見て、彼の注意を引いて、彼に二つの死刑を求刑すると伝えた。一つはファブラ・イ・プッチの襲撃に参加したことによるもので、もう一つは警察官の死に関連した求刑だった。

サルバドールは打ちのめされて、悲しく自分の独房に戻った。いかにその知らせを予想していたとしても、受け取ったことによって彼が感じた衝撃は恐ろしいものだった。そのとき、彼が見つけることができた唯一の慰めは、孤独と、四四三独房の五メートル四方の薄汚れた空間だけだった。

彼の監視を担当していた看守の一人、ヘスス・イルーレは証言する。

「彼の刑務所での状況はとても悲惨でした。彼の手紙を検閲すること、そして、ほかの囚人たちと関係を持つことを許さないでおくことのほかに、私たちは彼を絶えず監視しなくてはなりませんでした。彼のボディチェックを一日に四回、五回して、ときどき、部屋の電気を夜の間ずっと点けっぱなしにしておきました。私が彼の担当になったのは、検察が彼に二つの死刑を申請したと告げたすぐあとでした。モデロ刑務所では当時、そうした状況にいたのは、彼と一人のジプシーの男、サンフリアンでした。彼もやはり殺人で死刑判決を受けていました。あのとき、私はすごく強い不安を感じていました。自分とだいたい同じ年代の人間が処刑されるかもしれないと知ったとき、動揺しました」

私はイビサ島までヘスス・イルーレに会いに行った。彼は数年前からその島に住んでいて、引き続き同じ仕事に就いていた。イビサで新しい刑務所ができるとわかったとき、彼はすぐに転勤を希望した。《これは刑務所というより、学校です》と彼は言った。彼の人生はサルバドールを知ったあと変わった。彼はイデオロギーを持つようになり、無政府主義者だとさえ白状した。この理由で、考えていることと実際の生活を一致させようと、大きな刑務所施設を避けることにした。若いときにしたことの正反対のことを考えた。ヘススは一九五〇年にメリージャで生まれた。彼は刑務所の看守の息子であり甥であった。あるとき、彼の父親は自分の職場に彼が入れる可能性を話し、彼はそれを絶対に当然のことだと受け取り、自分の将来は決定したと考えた。モデロ刑務所にやってくる前、カラバンチェルとプエルト・デ・サンタ・マリアに赴任した。後者の刑務所は最高度の厳戒体制を布いていた。プエルト・デ・サンタ・マリアで仕事をした看守は、非情な男の栄冠を手にすることになった。ヘススは言う。

「モデロ刑務所に着いたとき、所長は部屋に私を呼び、第五歩廊の勤務を命じました。あの命令は私にとって満足ゆくものでした。所長に呼ばれて、あの責務を任せられるわけですからね……。私は確かにそう理解したのです。それは私を認めてくれたことであって、昇進もあるかもしれないってね。このほかにも、あの時期、私はすでにあご髭を生やして、怖い顔をしていました。あの髭は囚人たちに敬意を払わせるとき十分に役に立つものでした」

現在、ヘススはあご髭のほかに、髪も伸ばして束ねていた。私たちがインタビューのために会う約束をしたイビサのカフェ・モンテソルの中で、彼の外見はまさにヒッピー以外の何者でもなかった。モデロ刑務所時代は遠い昔になったが、彼が持ち続ける思い出は生き生きとして明瞭だった。ヘススはこう言った。

「第五歩廊はひどいところだった。偉いさんの一人は斜視で、市民戦争のときは臨時の少尉で、その報償として刑務所の看守となったといいます。それはもう十分な報償でした。彼以外はみんな若い看守で、私たちを彼に結び付けていたものは、フランコ体制に共感しているということより、ただ一つ、恐怖でした。私たちは怖かったのです。抑圧的な組織にいることが私たちに恐怖を感じさせていたのです。そして、それは私たち自身が感じていた感覚であると同時に、ほかの人にも感染させていた感覚なのです。あの当時、私にとって、政治犯に似たものは何かといえば悪魔でした。私は区別がつかなかったんですよ。ＥＴＡだろうが、共産党だろうが、労働者委員会だろうが、ＭＩＬのアナキストだろうが、彼らはみんなとてつもなく危険な人物でした」

オリオール・アラウが、軍事法廷の検事が仕上げた暫定的な論告を読んだとき、重大な決断をした。サルバドールに会いに行き、弁護人を替えることを提案した。彼は死刑がかかっている法廷で対決していく十分な経験や名声は自分にはないと考えた。弁護士会の古参、ミケル・カザルス・クルデカレラに、弁護を遂行する適任者を探すのを手伝ってくれるように頼んだ。本質的に軍部に強い印象を与えられる人物を探した。申し出を辞退する返事をいくつか受けたあと、フランセスク・ダシス・コンドミネスがサルバドールの弁護を引き受けた。コンドミネスはかつての弁護士会の会長であり、そのときは「カタルーニャ判例研究と法律学アカデミー」の会長だった。一二月九日、コンドミネスはこの裁判の主任弁護人として任命され、オリオール・アラウは引き続き補佐弁護人としてこの裁判に関わった。彼らは時間との競争をスタートした。軍事法廷がつねに切迫した状況で開かれるのは知っていたが、いつ開かれるのかが分かっていなかった。それがコンドミネスはもちろん、オリオールや彼の事務所の仲間たちを弁護の準備作業に没頭させた。

パコ・カミナールが不信の表情で語る。

「私たちはあの裁判を、どんな援助もなくやっていました。単に援助がなかったというだけでなく、オリオールと私は、事務所のために貯めていた預金をコンドミネスへの支払いに当てました。MILやOLLAの人、それから家族からの一定の援助は受けました。でも、サルバドールの弁護にかかる費用の大半は私たちが賄いました。ですから結果として、裁判が終わって数ヵ月後、私たちは事務所を閉じなくてはなりませんでした。肉体的に、心理的に、精神的に、そして気力と財政の面で消耗していました。もう、私たちには一銭も残っていませんでしたよ」

サルバドールに求刑された二つの死刑のニュースは広がっていった。「カタルーニャ会議」とモデロ刑務所の政治犯委員会、これはそのときまったく同じものを差していたが、彼らはMILの囚人たちに対してとっていた沈黙を破った。一二月の中旬、死刑の廃止とサルバドール・プッチ・アンティックに対し想定される判決を実行しないことを求めた文書を作成した。「カタルーニャ会議」の最も重要なメンバーたちはまだモデロ刑務所に閉じ込められていたので、たぶんそれが原因で、かつてブルゴス裁判の死刑判決に対して行なったような抗議集会や動員は、このときはなかった。この集まりの代表が、裁判の進展に興味を持って、家族や弁護士たちとコンタクトを持とうとしたことも一切なかった。

パコ・カミナールは言う。

「私たちはさらなる絶対的な孤独のうちにありました。「カタルーニャ会議」や左翼の勢力から一切コンタクトがありませんでした。情報を提供して援助をお願いしたのはいつも私たちでした。その反対はありませんでした。弁護士会の最も進歩的な弁護士たちが集まる弁護委員会を通してその活動をしていました。その委員会には、政党とつながりを持った仲間たちがいて、たぶん彼らがそっちの方に情報を提供していましたが、「カタルーニャ会議」はそれを無視しました。あの当時ずっと私たちを支援してくれたのは、並外れた忍耐を示したサルバドールの姉妹たちと、モンセラットの修道士たちでした。一五日ごとに一人の修道士があの団体を代表して私たちに会いに来ました。裁判への関心を深めるために、そして何か私たちが必要としているものはないか聞くためにやってきました。一度も途切れることはなかったです。それ以外、誰も事務所に近づいてこなかったです」

ＯＬＬＡのグループが準備した脱走プランはオリオール・ソレーのアイデアの一つだった。いくつかトンネルを掘ってモデロ刑務所と下水施設を結ぶ構想だった。検察の論告求刑を知ったとき、計画の実施が決められた。トンネル網構築には、まだグループが持っていなかったある基盤と準備が必要だった。とにかく、彼らはサルバドールの了承がありしだい取り掛かろうとした。

ＯＬＬＡのメンバーの一人、フェリプ・ソレーは証言する。

「オリオール・アラウを通して脱走計画を彼に伝えようとしました。当時は弁護士たちが共犯になるのはよくあることでした。オリオールはすごく怖がっていたけど、私たちのメッセージをサルバドールに届けてくれました。でもサルバドールからの返事はノーでした。それで、私たちはそのアイデアを諦めました。そういった場合、中にいる者がいつも正しいと、はっきりしてましたから」

サルバドールは裁判にわずかな可能性を信じていて、その計画の実行は仲間の命を危険に晒すかもしれないものだったので、申し出を断った。その同じ計画はオリオール・ソレーを刑務所から引っ張り出すために一年後に実行に移された。この二度目の試みでは、その地区の下層土の見取り図をジュゼップ・ジュイス・ポンスの父親が提供した。彼の息子の投獄やサルバドールの最期は彼の考えを変え、熱意と決意をもってこの準備に参加させることになった。

ジュゼップ・ジュイス・ポンスは言う。

「実際、父と私はそんなに疎遠な関係ではなかったです。彼は一七歳のとき青い旅団に入り、私は同じ年に反対側の組織にいました。私がアナキストのグループにいたことは彼を困らせていたと思っているのですが、重要な基本的な観点では彼は私を理解していたのだと思います……」

サルバドールは脱走計画を放棄したが、それは、弁護士たちが、状況は困難だけど絶望的ではないと言っていたからである。検察官は二つの死刑を求刑したが、スペインではもう長いこと政治犯が処刑されたことはない。彼らは七〇年代にいて、フランコは身体的な衰えが顕著で終末が近づいていた。そして最も希望を持たせるのは、政治犯に言い渡された最後の死刑判決も、最後の瞬間で減刑されてきたということだ。サルバドールは冷静さと希望を持ち続けるべきだった。彼は読書と翻訳で孤独と戦いながら、日々を過ごした。読書と翻訳は、彼の精神を使用中にして、変な考えが入ってこないようにしておく行為だった。この頃、サルバドールの身体的状態はどんどん良好になっていた。実際にケガは治癒していて、彼は中庭に出ることができる二時間を楽しみにするようになった。中庭での時間を見張るよう言われていたヘスス・イルーレは回想する。

「彼はバスケットボールをするのが好きでした。いつも彼を二人の看守で監視していましたが、一人が中庭の中で、もう一人が中庭の外から監視してました。私はいつも中庭の中で彼と一緒にいる一人でした。そこは私たちが初めてのコンタクトを持った場所でした。彼は臆病でした。でも、それは、彼が危険な囚人で、彼にとって私は制服を着た敵だったということを考慮しなくてはなりません。私は彼の見張り役でしょっちゅうボディチェックをしていたわけですから。でも、私たちはこのバスケットボールで氷を砕きました。私はとてもスポーツが好きで、あるとき偶然、サルバドールがシュートしたボールが私の足元に転がってきたので、私はゴールに向かってシュートしました。彼が『あなたはバスケットボールができるんですか』って聞いてきたのを覚えています。そして、一緒にプレーするようになり、それで話しもするようになったんです」

ヘスス・イルーレとの関係は、サルバドールが刑務所制度の厳しさを耐えるのに貢献してくれた。ヘススは彼と会話するだけでなく、規則も破ることがあった。彼の階の管理者がおらず、同僚も見かけないときは、サルバドールにラジオを聴くのを許し、彼とチェスをしていた。ヘススは言う。

「私が彼について興味を持ち、戸惑わせたのは彼が読んでいた本でした。それは、心理学や哲学の、それまで、私が聞いたことない本でした。彼はいくつか私に問題を出して、のちに私を夢中にさせることになったある世界に、私を引き込みました。私には左利きの息子がいて、失読症があるって言われました。私はそれが深刻なことなのかどうかよく分からなかったんですが、彼は私を安心させて、何をすべきか説明してくれました。そのことで、私はいつも彼に感謝しています。彼のそばにいて学んだことにはすべて興味をそそられました。それで、そのあと、私は心理学部に入学したんです。二年ほど勉強して退学しました。当時からずっと大切に持っているものは、サルバドールがくれたウィルヘルム・ライヒの『オルガスムスの機能』という一冊の本です。いま私が所有しているすべての本の中で、それは私にとってより大きな価値を持っています」

一二月二〇日午前九時半、マドリードのクラウディオ・コエジョ通りのアスファルトが砕け散り、一台の公用車が空中に吹き飛ばされた。首相、カレーロ・ブランコが乗った車で、彼はいつも通りにミサに出たあと帰宅する途中だった。ETAがやってのけた最も精緻でスペクタクルな《オグロ作戦》は、その装置の名前からきていた。フランコ死後の体制が継続するための最も頼りになる保証であったカレーロ・ブランコが暗殺されたことで、ETAは歴史の方向を変えた。

そのニュースはあまりに思いがけないものだったので、フランコ体制は対応していくのが難しかった。それを確認して、検閲の監視下にあるマスコミを通して発表していくのに長い時間がかかった。テロ攻撃の成功は、反対派の特定のセクトには素晴らしいと賞賛された。一方、首相の死に対するモデロ刑務所での反応は非常に違っていた。恐怖と不安が政治犯たちの間に広がっていった。

ヘススは彼にそのニュースを知らせた人だった。サルバドールは看守が説明することを信じたくない思いで聴いた。彼はゆがんだ顔でベッドに倒れこみ、今もヘススの耳に残るいくつかの言葉を発した――《ETAはオレを殺した》。

第７章　軍事裁判

フランコは辛そうにカレーロの死を泣いた。彼は公の場で泣いた。国民はあのときまで決して、独裁者が泣くのを見たことがなかった。カレーロ・ブランコ提督は首相という以上の存在だった。彼は一九四二年からフランコの右腕だった。「私を世界と結び付けていた最後の結び目が切られた」と、フランコは彼の私的な任務に就いていた大尉の一人、アントニオ・ウルセライに告白した。テロの二日後、一二月二二日、厳粛な葬儀が執り行われ、それはテレビで中継された。フランコはいつも通り、教会の入り口の布製の天蓋の下を通り、サン・フランシスコ・エル・グランデ教会のいつものお気に入りの場所に座った。葬儀の間、彼はほとんどずっと涙ぐんでいた。そして、暗殺された司令官の未亡人に挨拶をしたとき、悲しみの余りわっと泣き出した。老独裁者がその弱々しいイメージをカメラに捉えられた。それは一瞬の幻覚だったのかもしれない。しかし、その葬儀に参列していた人たちの間に充満していた憎しみ、怒り、憤りの空気とは好対照を見せた。参列者の多くは、体制側の最も過激で、非妥協的な党派に属している人たちだった。

オリオール・アラウはテロが巻き起こした反響について語った。

「右翼は血を好む。右翼は血を求めていました。私はそのときサルバドールのこと、そして、右翼が彼についてどんな結論を出そうとするか考えました。それだけが気がかりでした。カレーロは首相で、フランコの右腕でした……体制が、それはフランコだけのことではなく、彼の体制ですが、あの死に対して誰も罰を受けないでは済ませられないと思っていたのは明らかでした。体制は、方法はどうであれ、復讐に出るはずでした。独裁者の支持派も、私たちが属した彼らに対抗していた勢力も、あの死が一つの時代の終わりを画すものだったということは分かっていました。それはフランコの終りであり、同時に、サルバドールの終りでもありました」

すべての友人、仲間、家族はカレーロ・ブランコへのテロに関して、同じ解釈をした。サルバドールの姉妹は安心させてくれる言葉を聞きたくてオリオール・アラウに電話し、彼にこう質問した。「彼を殺したりしないわよね」。オリオールは懐疑的な考えを隠すことができず、彼女たちが次に面会にいくときはできるだけ彼を励ますようにと答えた。テロのあとの初めての面会日は一二月二二日土曜日だった。マドリードではその日にカレーロ・ブランコの葬儀が執り行われていた。

インマ・プッチは言う。

「サルバドールは落胆していました。あの夜ほど落ち込んだ彼を見たことがありませんでした。最後の夜以上でした。面会のときはいつも、彼も私たちも、みんな自分をごまかして、できるだけ明るい気分で過ごそうとしていました。でも、あの日はみんな意気消沈してました。もうごまかすことなどできませんでした。今度は自分を殺すだろう、自分を殺して復讐するだろうと、彼が言ったとき、私はそんなに悲観的にならないで、希望をなくさないでと彼に言う気力がありませんでした。それはもうみんながはっきり分かっていたことですからね」

法廷でまだ未決のままであったジュゼップ・ジュイス・ポンスも、それを疑っていなかった。カレーロ・ブランコへのテロ事件が彼らに及ぼす影響はもうはっきりとしていた。彼の訴訟もサルバドールと同じ軍法会議であった。ジュゼップ・ジュイスは死刑を求刑されていなかったが、検察は彼に三〇年の刑を求めていた。この二人の若者はともに第五歩廊で投獄生活を送っていたが、二人への監視体制は異なっていた。彼らはお互いに会うことも話すこともできなかった。看守が第四四三独房に近づくことを許してくれるように、ずるい手や経験を巧みに使ったオリオール・ソレーと違い、ジュゼップ・ジュイスはサルバドールと話したのは一回だけだった。それはクリスマスの日だった。

ジュゼップ・ジュイス・ポンスは当時を語る。

「あの日、刑務所の管理本部は例外を設けて、四人全員が一緒に同じ中庭に出ていいと許可しました。あれが裁判の前にあった、唯一の彼とのコンタクトで、彼は事件に対する解釈をオリオール・ソレーや私に話しました。私たちが知っていたことは弁護人が説明してくれたことだけでしたが、彼らもあまりたくさん情報を持っていたわけではありませんでした。そこで、彼の話しを聴いたあと、私たちは軍法会議のことについて、そして、それに対する私たちの姿勢はどうあるべきか話しました。あのときの彼は神経質になっていたり、不安になっているようなことはなく、まったく落ち着いて、平静だったことを記憶しています」

フランコはペドロ・ニエト・アントゥネスを新しい首相として任命する準備に入っていた。それは現状維持の選択だった。ニエト・アントゥネスはカレーロ・ブランコと同様に軍人で、長いことフランコに奉仕してきた人物であり、体制のどの政治的家系にも属していなかった。しかし、老独裁者にはかつてほど体力も決断力もなかった。パルド宮［官邸］の頑強な中核勢力の圧力は、彼の考えを変えた。多くの人びとの助言があり、その中には彼の妻、カルメン・ポロと娘婿のビジャベルデ侯爵の助言もあって、一二月二九日、フランコはカルロス・アリアス・ナバーロを首相に指名した。ナバーロは《マラガの肉屋》というニックネームを頂戴していたが、それは彼が、市民戦争の間と、その戦後何年かの間、そのアンダルシアの街で、軍の検察官として活動したときに見せた残忍さからきていた。しかし、これはフランコらしい統治手法だったが、彼は改革主義的精神を持った何人かの閣僚を指名して、新首相が代表する現状肯定主義路線の一派との均衡を保った。フランコ死後、こうした多くの改革派の政治家や官僚は民主主義の考えを取り入れ、スペインの政治状況の中で明確な役割を果たした。それはアリアス・ナバーロ内閣の二人の新閣僚であるアントニオ・カロとピオ・カバニジャスのケースがそうだ。

カタルーニャの民主的な反政府勢力は、彼らに対して大きな不信を抱きながらも反応する力がなく、政治の新たな段階をじっと見つめていた。彼らの指導者の大半はまだ刑務所に入れられたままで、捕まっていない者たちは、カレーロ・ブランコの死後、体制側が弾圧を強化してくるのではないかと恐れていた。あの当時、すべての人は同じことを感じていた。つまり恐怖だ。これが常にフランコ体制の支配を可能にしていた。それは、独裁者の残忍さを前に、反対派のメンバーを麻痺状態に陥れてしまうことができる恐怖だ。しかし同様に、その恐怖は体制に忠実な人びとにも共有されていた。現状肯定派は自分たちの特権が失われることを恐れていて、改革派は、体制に変化を導入することを擁護したとき、事実上、裏切り者として告発されるのではないかという恐怖があった。

オリオール・アラウはきっぱりとこう言った。

「街角には恐怖がありました。あの当時は三人以上で歩いていると逮捕されて、非合法の集会を開こうとしていたとして告発されるかもしれなかったのです。いま考えると信じられないかもしれませんが、私には実際そういうことがありました。一度、私は友人たちと一緒に夕食をとろうと外出したんですが、警察は私たちを疑わしいということで逮捕しました。そうなんです。通りを支配していたのは恐怖だったのです。サルバドールの身に起きたことも、フランコだけの責任ではなかったと言うべきでしょう。むしろ、彼の周囲のすべての人びとの責任でありました。つまり、現在、民主主義を語る人びと、右翼の政党に入っている人びと、そして左翼の政党に入っている人びとさえも、責任があったのです。今は民主主義的だとうぬぼれている人たちも、かつては支配する側にいて、支配し続けることを望んでいた人たちなのです。それゆえ、彼らは、自分たちが怖い人間であり、何も恐れてはおらず、力を持っているのだということを見せつけるため、ああしたことをやったんです」

一九七四年一月二日、軍管区司令部参謀本部第二部は、軍司令官の指示のもとに報告書を作成した。すぐにもバルセロナで開かれるはずの二つの軍法会議で、引き起こされるかもしれないトラブルを予知し、衝突を予防することが必要だった。サルバドールに対する訴訟のほかに、扇動で告訴されたサント・アドリア・デ・ベソス発電所の四人の労働者の件も軍法会議の懸案であった。報告書に拠れば、《二つの軍法会議のうち、国が革命で破壊されるという最も都合のいいイメージを演出できるのは、間違いなく、サント・アドリア・デ・ベソス発電所の事件のほうである。……ＭＩＬの活動家に対する軍法会議は、たぶん、被告人たちをアナキストのグループに所属させることで、人びとの関心や共感を最小限に抑えることができる》ということであった。軍諜報部からもたらされる指令を伝達する責任者である参謀本部長の報告書は、デモやテロ行為を予防するために、絶えず安全措置を強化していくことを強く要請していた。安全措置はさらに完璧を求められていた。裁判をどう開くべきなのか、非常に具体的な指示も与えていた。法廷を傍聴する人たちがどういう人たちであるべきかという考えも押し付けていた。例えば《正しい愛国者だと確認された多種多様な人びとの法廷への傍聴は、被告人と同じ党派の人の席を減らすという目的に照らして好都合である》ということも書かれていた。報告書で最も際立った点は、裁判官の構成について言及していたところである。軍法会議は軍司令官によって直接選任された五人の軍人で構成されていた。裁判長は大佐か中佐であることが慣わしで、その他の四人の陪席裁判官は大尉であるのが通常であった。また、彼らは法律的な問題に関して少しでも経験があったり、準備ができている必要はなかった。MILの活動家に対する軍法会議では、軍人のうち一人、報告官の陪席裁判官だけが法律の教育を受けていた。《問題解決の能力のある大尉たちを選ぶこと》。これが、裁判官たちの特徴がどうあるべきかということについて、参謀本部長が与えた具体的指示であった。裁判長に関しては、《予想される弁護活動をはっきりとさせ、そのリストを作成するため、そして、特定されたテーマから逸脱したとき、裁判中は相談することなく、彼らの要求を遮るため》に、報告官と一体となって審理を進めることを示唆していた。最後に、参謀本部の報告書の指示のあとに、軍司令官は軍法会議の裁判長にカルロス・ゴンサレス・デ・パブロ大佐を指名し、陪席裁判官にマティアス・サラゴサ・デ・ビアラ、ホセ・ルイス・パンド、フェルナンド・モタ・カルデロン、カルロス・レイ・ゴンサレスといった四人の大尉を指名した。最後のカルロス・レイ・ゴンサレスは法務部の司法官大尉であり、報告官を務める。また陪席裁判官の補佐として、ペドロ・マルティ・ロブレスとマヌエル・ミケル・セルベットを指名した。

この軍法会議に参加した軍人たちの一人は、私に当時の気持ちをこう説明する。

「不運。これが、私が裁判官の一人に選ばれたと言われたときの、まず初めの率直な感想でした。裁判では死刑があるということを知っていましたし、私はこの刑罰を支持する者ではなかったのに、それでもあのとき、適応される法律ははっきりとしていました。今、世の中が変わって、私は死刑が廃止されたことを喜んでいます。死刑は不可逆的なものですからね。それに、私は神のみが生を与え、生を奪うことができると考えています。私たちにはそんなことはできない」

私は懸命に調査し、さらに執拗に追いかけて、サルバドールに対する軍法会議を構成した軍人たちのうちの二人と話すことができた。彼らは私に、沈黙を破る条件として、名前を出さないでほしいと要望している。私はそれを受け入れる。より重要なことは彼らの名前より言葉である。一人の軍人はこう告白する。

「彼がどんな顔をしていたか思い出せません。長い年月が経っても、裁判のことはとてもよく覚えていますが、プッチ・アンティックの顔がどうだったかというイメージは消されてしまいました。ほかの被告人たちの顔に関しても同じです」

会話はゆっくりとリラックスした雰囲気の中で推移する。すでに二五年以上が経ち、それゆえ、彼の語り口はとても無感情で、冷淡で、距離がある。そこに良心の呵責が入る余地はない。軍人たちは、しなければならなかったことをするという確実性、歴史が繰り返せば同じやり方で再び行動できる正確さを持っている。一人の軍人はきっぱりとこう答えた。

「カレーロ・ブランコの死は、私たちの考えに重くのしかかってはこなかったし、気持ちには影響もしませんでした。あのことについてたくさん語られていましたが、あのテロ行為が訴訟の中で決定的要因になったとは思いません。確かにあの当時の空気は緊張してとても熱気に包まれていましたが、私たちにとって、あの若者たちは単にアナキストの人たちであって、あの裁判官たちの誰一人として、カレーロ・ブランコの死が何を意味していたのか正確には知らなかったと思います。それに、あの若者たちについて私たちが知っていたことはほんの僅かです。そして、告発されていたいくつかの犯罪はともかく、彼らは警察官を殺していたのですから、とても重罪だということです。彼らは道徳的に非難されるべき振る舞いをしたわけです。私たちはプッチ・アンティックのアパートで発見されたというポルノが載った印刷物を見せられました。あの当時、スペインには『インテルビュー』誌や、それに類するものは存在していなかったのです。私たちの軍人気質では、あれを正当化するのは非常に困難でした。あれは裁判で彼らにあまり有利に働きませんでした」

軍人たちを憤慨させたというポルノは、ヌードの女性たちの写真二枚と、『ＣＩＡ』誌のある号に掲載された、ＭＩＬの出版物によくあるスタイルで描かれた漫画であった。

軍人たちが軍法会議の準備をしていたとき、オリオール・アラウとパコ・カミナールは、今まさに始まろうとしている裁判に対して、国際的関心を呼び起こす目的でパリとブリュッセルに赴いた。その急ぎ足の旅は、全ヨーロッパに拡大しつつあった連帯の委員会によって準備されたものだった。その委員会は一九七四年の初め、とても活動的だった。スペインで起こっていたこととは対照的に、ヨーロッパではＭＩＬへの連帯の委員会が無数のデモを組織し、スペインの利益に対するさまざまなサボタージュの行為も話題になっていた。こうした運動は、タルゴの車両に死刑反対のスローガンを書くことから、イベリア航空のオフィスを占拠したり、大使館の門に爆弾を仕掛けたりする行動まで、さまざまに広がっていった。

イグナジ・ソレー・スグラニェスは思い出す。

「一二月から三月までに私はヨーロッパの半分は回りました。何でもしました。弁護士に同行したり、ポスターを貼ったりすることから、弾薬庫に押し入ることまで、何でもやりました。領事館や大使館に対する行動を実現するのを手伝ってくれた都市ゲリラのグループやアナキストのメンバーとも友情を育みました。私たちは素晴らしい友情で結ばれ、それは今もまだ続いています」

イグナジ・ソレーにあった闘争の元仲間たちとの関係は有効に働いた。彼はＭＩＬから追放されていたが、国際的連帯の委員会では非常に活動的な役割を果たし、バルセロナにいたＯＬＬＡの人たちとの結びつきも継続していた。イグナジはアラウとカミナールのヨーロッパでの訪問を調整していく責任者だった。パリで行なった彼らの記者会見が巻き起こした反響は、スペインの状況の深刻さについて、ヨーロッパの世論に警告を発することになった。また、彼らは「司法に関する国際委員会」が軍法会議にオブザーバーを送るという決定をするところまでこぎつけた。

バルセロナに戻ってきて、オリオール・アラウはコンドミネスとともに裁判の準備を整えるために働いた。コンドミネスは裁判からできる限り政治色を取り除こうとした。初め、ＭＩＬなんて存在していなかったと証明しようと頑張った。それは、予審を引き受けたときに彼が持ち込もうとした戦略だった。サルバドールと彼の仲間は一般の犯罪者であり、それゆえ、この裁判を通常の司法に戻すべきだと主張した。これは成功せず、軍事裁判所の機能は停止することはなかった。オリオール・アラウは、軍法会議の軍人たちのことを考えると、この弁護方針が被告人にとって有利になるのではないかと納得したが、しかし同時に世論に対しては不利になるだろうと思った。しかし決定は、より長い経験があり、正式な弁護人であるコンドミネス次第だった。彼は、アラウが示した疑問やMILの回りの人たちの反対意見の圧力から、当初の姿勢を僅かながら修正し、裁判官に対しサルバドールは通常の犯罪者だと主張することは止めた。証拠が存在していることから、事実上、武装グループでのサルバドールの活動を否定するのは不可能だった。あのときの裁判官の一人であった軍人は、こう認める。

「私は政治的な裁判に裁判官として参加するなんて、考えたこともありませんでした。私たちにしてみれば、彼は可哀想な少年で、うまく丸め込まれて、経験がほとんどない警察官と出くわすといった不運に見舞われたわけです。あのとき、私たちはあれを政治的な事件だとは思っていませんでした」

オリオール・アラウにとって、この裁判の非政治化は、臆病な方法での戦い方だった。アラウはこう反応した。

「確かに、サルバドールを通常の犯罪人として出廷させることは、軍人や体制の人びとの関心を引きました。彼らはサルバドールを政治犯だということを認めたがってはいなかったのです。でも、あの当時、のちに明らかになってきますが、すでにスペイン社会の大半は、反フランコでした。ですから、一般の人にはサルバドールは通常の犯罪人というより政治的犯罪人に近いといつも感じられていたのです」

ジュゼップ・ジュイス・ポンスが補足する。

「私たちは、私たちの弁護人がサルバドールと同じ弁護方針で続けるべきだと考えていました。彼は二つの死刑を求刑されていたので、彼の弁護人たちが弁護方針を決めていました。でも、私は裁判の非政治化に関してあまり同意していませんでした。事実、私に対して行なわれたもう一つの軍法会議では、それもＭＩＬに関連した犯罪でしたが、私たちは非常に違った方法で対応し、政治的な集会を立ち上げていくためにその状況を利用しました」

一月八日火曜日、朝の早い時間、バルセロナの軍事政府の建物の周囲には、武装した警察の派遣部隊が展開されていた。その日は、軍法会議が開かれると示された日で、関係する人びと全員がその開始に備えて準備をしてきた。一方、モデロ刑務所では看守たちがサルバドールとジュゼップ・ジュイス・ポンスを独房から連れ出し、彼らを軍事政府のところまで運ぶ搬送車まで誘導した。

ジュゼップ・ジュイス・ポンスは言う。

「あれは特別な日でした。なぜなら、それはまず、サルバドールとの再会です。それに、裁判に行くっていうことは、刑務所を出るってことですからね。きちんとした服装で出かけました。思い返すに、最高にうれしかったときの一つは、通りとの再会でした。私たちは豚肉運搬車、つまり、以前警察が持っていたあの搬送車のことですが、これに乗りました。窓はとても小さかったですが、鉄格子の間やフロントガラスから通りを見ることができました。何と長い間見ていなかったことか。警戒は非常に厳重でした。警察官が何人私たちに付いて来たか思い出せませんが、とても多かったです。彼らは私服でした。それに私はマリアンと再び会えると分かっていましたから、さらに期待が大きかったです。彼女も私たちと一緒に裁判することになっていて、私はもう四ヵ月、彼女のことは何も知らされていませんでした」

刑務所から軍事政府の建物があるポルタ・デ・ラ・パウまで、車はものすごいスピードで走り抜けた。搬送車の中では、沈黙は重苦しく不自然だった。警察官は彼らに一度も言葉をかけず、ただじっと見るだけだった。まなざしを通して、彼らが何を考えているか知るのは簡単だった。

ジュゼップ・ジュイス・ポンスは、そのときのことを詳細に語る。

「彼らは私たちを侮辱したり、手酷く扱ったりはしませんでした。軍事政府のところまで私たちを連れて行きましたが、そこにはさらにたくさんの軍人や警察官がいて、私はあんなにたくさんの彼らを見たことがありませんでした。何時間か、私たちが目にしていたのはモデロ刑務所のむさ苦しさや汚れではなく、軍事政府庁舎の豪華さでした。絵画があって、絨毯が敷かれ、大理石の階段がありました。彼らは、私たちを牢獄に放り込むのではなく、その建物の気品ある広間の一つで待たせました」

サルバドールとジュゼップ・ジュイスが到着したとき、マリアンはソファに座って、すでにその広間にいた。彼女は何分か前に、トリニダー刑務所から移送されていた。ジュゼップ・ジュイスは彼女にキスをし、その隣に座った。彼らは何も言わず見つめ合った。その状況では話しをすることが難しかった。

ジュゼップ・ジュイス・ポンスは言う。

「タバコを吸わせてくれと頼みました。そうしたら、私たちに刑務所から同行してきた警察官の一人が、そんなことは考えるな、ここは禁煙なんだって言いました。でも、私たちはあのときすでに軍警察の管理下にあって、監視をしていた軍人、大尉だったと思いますが、彼が、ここでは自分たち軍人が命令を下す、警察は何も言う必要はないと言ったんです。彼らの間にある敵対心で、私に唯一都合がよかったのは、軍人たちが私にタバコを吸わせてくれたことでした」

ジュゼップ・ジュイスが警官に囲まれてタバコを吸っている間、裁判の傍聴を希望する人たちは、待合室に行く前の厳重な検問を通らなくてはならなかった。参謀本部長が助言したように、彼らは被告人の共感者たちに席を与えようとしていなかった。家族や記者たちに用意された席を除くと、傍聴者は私服の軍人たちだった。傍聴人の中で最も若く、一三歳だったメルソナ・プッチは言う。

「検問を通ったときのことは絶対忘れません。私たちは列に並んでいました。私はカルマの隣にいました。でも、彼らが並んでいた人びとを検査して、鞄の中を引っ掻き回しているのを見たまさにその瞬間でした。チラシをたくさん持っているのを思い出したんです。いつも私は配るためにチラシを持ち歩いていました。列を離れて、私たちはバルに行って、トイレにそれを捨てました」

二人の姉妹が再び軍事政府の建物に入っていこうとしたとき、メルソナが何も身分証を持っていないことに気づいた。警察官は頑固さを見せた。身分証なしでは通そうとはしなかった。そこで、カルマは大きな声を出し詰め寄った。《この子は私の妹です。似ているのが分からないの?》と。結局、騒ぎになる前に警察官たちが譲り、カルマとメルソナはほかの姉妹たちと一緒になることができた。しかし、ひどい扱いはこれだけではなかった。着席する前、人びとを監視しながら広間にいた警察官の一人が、メルソナの近くに寄ってきて、誰だと聞いてきた。彼はメルソナのことを知って、自分が考えていることを抑えられなかったのか、抑えようとしなかったのか、こう言った。《お前の兄さんは、縄から助かることはない》。

弁護側の弁護人助手としてその場に居合わせたパコ・カミナールが、さらに説明した。

「警察の態度は軍人たちのそれとは異なっていました。警察官のまなざしには同僚が死んだことで憎しみと復讐の念が込められていました。でも、軍人たちの間にはそういった感情はありませんでした。彼らはよりプロフェッショナルな態度でした。彼らは、できるものなら回避していただろうという、一つの義務を果たしていたんです。軍隊はこうしたケースで裁判権があることを何度も嘆きました」

午前九時、軍法会議が始まろうとしていた。三人の被告人たちは警察官が左右と背後から監視する中、並んでベンチに腰掛けた。尋問を始める前に、陪席裁判官の一人が被告人の手錠を外すように言った。警察官の一人は彼らがとても危険な人間であることを申し立てて断った。裁判長を務める大佐はその警察官に、それは命令であり従うしかないのだと警告した。こうした初めのやり取りにもかかわらず、軍事政府の中央広間に存在した雰囲気や裁判官が示したイメージは、三人の被告に何ら信頼感をもたらすことはなかった。軍法会議を構成していた五人の裁判官は、典礼服で軍規通りにサーベルを身につけていた。しかし、サーベルは邪魔だったので、裁判官席の机の上に置いた。検事のホセ・マリア・バローナ中佐も典礼服を着てサーベルをつけていたので、同様にそれを机の上に置いた。六人の軍人がサーベルを机の上に置いているイメージは、あまり人を落ち着かせるものではなかった。あそこが裁判所だということを連想させた唯一のものは、弁護人たちが着ていた法服だった。

九時一五分、裁判長は審理の開始を命じた。予審判事のネメシオ・アルバレス中佐は起訴状の朗読を担当していた。ファブラ・イ・プッチの襲撃を詳述することから始め、次にフランシスコ・アングアス刑事が死んだジローナ通りの銃撃戦の事件を詳述した。彼は二時間半、中断することも休憩することもなく読み続けた。

ジュゼップ・ジュイス・ポンスはあのときのことを思い出す。

「すごく長かったです。文章は軍隊らしい言葉で、関連のないことを支離滅裂に編集していました。予審判事はヘタな読み方で、頻繁に間違えていました。それに、息苦しくなって何度も何度も詰まっていました」

マリアン・マテオスが付け加える。

「初めはすごく辛かったですが、裁判が進行するに連れて、緊張は和らいできました。サルバドールとジュゼップ・ジュイスは目線を合わせて、朗読していた軍人を嘲笑していました。初め、彼ら二人はあの状況を楽しんでいたと言っても、過言ではなかったと思います」

長く鬱陶しい起訴状の朗読が終わり、裁判長はサルバドールに起立を命じ、検事の質問に答えるよう言った。彼は非常に落ち着いていた。ときどきかすかに振り向いては、傍聴に来ている人びとの中に彼を励ます姉妹の顔を探していた。彼女たちは一番前の列のベンチに腰掛けて、この日のために身だしなみを整えていた。姉妹たちにとっては《いつもいい服を着て、ちゃんと化粧をする》ことが、サルバドールに会い、面会に行くときの、神聖な約束事の一つであった。

検事は質問を始め、サルバドールは答えた。

「あなたはイベリア解放運動に参加していましたか？」

「はい。一九七二年一〇月からです」

「政治的にはどういった傾向だったのですか?」

「共産主義者です」

「体制の破壊や転覆が共産主義者たちの目的の一つですか?」

「いいえ。共産主義は何も破壊しません」

サルバドールの答えは弁護の論拠を補強した。検察は彼に、行員一名が負傷したファブラ・イ・プッチの襲撃を理由に死刑を求刑したが、サルバドールは、彼が参加した襲撃ではいつもそうだったように、あのときも逃走用の車の運転手をしていて、一瞬たりとも銀行の建物に入っていないと証言した。もう一つの死刑は、ジローナ通りの玄関ホールで起きた銃撃戦で、一人の警察官が死んだことで求刑されていた。

検事は尋問した。

「なぜ警察官に抵抗したのですか?」

「命を危険にさらしても逃げたかったのです」

「フランシスコ・アングアス刑事補を狙って撃ったのですか?」

「いいえ。警官に殴られた結果、意識を失っていました。狙わずに撃ちました。私は誰も殺す気はありませんでした」

サルバドールが答えなくてはならなかった二つの容疑について、弁護側がより心配していたのはフランシスコ・アングアス刑事の死だった。検事による初めの尋問のあと、弁護人は銃撃戦に関する警察の説明に対し、反論することに力を注いだ。クリニコ病院に到着したとき、遺体を診たラモン・バルジャウ医師に証人として来てもらっていた。当直の医師は警察官の体には三発を超える銃弾の跡があったと証言していた。起訴状の記載に拠れば、サルバドールは四回しか撃っていない。彼の証言があれば弁護人は逮捕のときに銃撃戦があって、警察官が死んだのは自らの同僚の銃弾も受けて死んだと証明することができた。オリオール・アラウはそのときのことを失望の表情で説明した。

「裁判長はこの証人を認めなかったです。実際に、私たちが申請した証人は誰も認めなかったですね。法廷で証言できた証人たちは、検察が申請した証人たちだけでした」

《特定されたテーマから逸脱したとき、裁判中は相談することなく、彼らの要求を遮るため》といった、あの参謀本部長の報告書の指示が、裁判長の態度にはっきりと表れていた。彼らは証人を拒否することだけではなく、弁護人が要求したいくつかの証拠品の提出に関しても妨害した。バルジャウ医師への尋問が不可能になったことで、アングアスを死に至らしめた傷が、一丁を超える武器が原因となっていることを証明するために、弾道に関する証拠の申請をした。軍法会議に参加した軍人の一人は、あのときそれを拒否した理由を語った。

「私たちは、弁護側が求めた弾道に関する証拠提出を妨げたとよく言われました。でもあれはまったく必要のないものでした。裁判官には砲術の分野で仕事をしていた者がいました。彼らは弾道に関して専門家で、この件に関して新たに解明すべきことは何もなかったのです。ある事件を裁くのに必要な知識がなかったとき、裁判官はその専門家に介入してもらいます。私たちはその知識があったので、弾道に関する新たな証拠は要らないとしました」

主張を通すために、弁護側に残った最後の議論は、解剖がどのようになされたかを明らかにすることであった。報告書に署名した監察医は警察署での解剖は普通ではないことを認めたが、それが珍しいことでもないとした。裁判官を前に監察医は言う。

「私たちは裁判所の許可をとっていました。それに、個人の住宅でそれをやったことも何回かあります」

オリオール・アラウは言う。

「私は解剖が操作されたとは言いません。言いたいことは、弁護士も裁判官も検事も立会わないでエンリク・グラナドスという警察署で警察医が解剖したということです。操作されたという言葉は正しい表現ではないでしょう。しかし、あの解剖がまったく非合法だったのは間違いありません。彼らが隠さなくてはならなかったことは何だったのか、私には分かりません。でも、何も隠すことがなければ病院で合法的に実施されるのが当然でしょう」

コンドミネスは裁判の間ずっと荘厳で品格ある態度を保っていたが、それを忘れた瞬間が一度あった。逮捕に加わっていた警察官たちに尋問したときだった。彼は、サルバドールの行為が警察官たちから受けた殴打によって影響されていたということを証明しなくてはならなかったが、警察官たちは彼を唖然とさせた。

コンドミネスが質問する。

「銃床でサルバドール・プッチ・アンティックの頭部を何回殴りましたか？」

ティモテオ・フェルナンデス刑事が答える。

「一回」

「え、何回?」

「ええ、あれは二回だったような」

弁護人は、警察官がサルバドールを七回殴ったと認めるまで、声を徐々に大きくして、しつこく質問を繰り返した。

昼食の休憩をとったあと、午後三時、軍法会議は最後の段階に差し掛かっていた。弁護人も検察も最終的な結論にもっていかなくてはならなかった。検察側がまず発言した。傍聴人は起立させられ、《辛い任務》を果たすと言い、サルバドールに対して、彼が起訴された犯罪の一つひとつに死刑が相当と結論し、併せて二つの死刑を求刑した。また、ジュゼップ・ジュイス・ポンスに対しては三〇年の禁固刑が、マリアン・マテオスには六年の禁固刑が求刑された。検察にとって、この審理は、準備された結論、求められた刑にどんな僅かな修正ももたらさなかった。

弁護人に順番が回ってきたとき、コンドミネスはテロリスト組織としてＭＩＬの存在を証明するに至らなかったことをもって、軍事法廷がこの事件を裁くに妥当でなかったことを執拗に言い張った。また、二つの事件を、同じ種類のものではないと考えられるのに、一体の事件のように裁くことも非難した。第一の起訴に関しては、サルバドールが決して銀行に入っていないという事実に注目するよう求めた。もう一つの起訴に関しては、被告人は逃走を試みただけであり、決して警察官を殺そうとしたのではないということを明らかにした。それゆえ、罪の種類を変えて、過失致死か《激しい格闘》による殺人という罪で、死刑は六年と一日の刑に置き換えられるべきだと要求した。

閉廷前に、裁判長は三人の被告に最後の発言の機会を与えた。誰も何も言いたがらなかった。そのあと、彼らの監視を担当した軍人たちは、再び彼らに手錠をかけ、刑務所に連れ戻す役目の警察官たちに引き渡した。家族たちの執拗な要求に、裁判長は彼らを搬送車に乗せる前に会えるようとり計らった。モンセ・プッチは言う。

「あの日の思い出で、たった一つのうれしかったことです。ほんの数分でした。私たちは警察官たちが輪になった中にいて、抱き合ってキスをしました。最後の夜を除くと、あのときが、私が彼に触れることができた唯一の機会でした」

裁判のあと、軍法会議の五人の構成員は審議のために軍事政府付属の建物の中に閉じこもった。軍の法律は裁判官たちが判決を言い渡すまでに二四時間の猶予を与えていた。オリオール・アラウはコメントする。

「あの軍人たちが、彼らが決めるべきことに関して、上から命令を受けていたかどうか知りません。あの当時、七〇年代以降に開かれたほとんどの軍法会議は純粋に手続きの問題でした。純粋に手続きの問題という言葉は正確ではなく、不純な手続きの問題だったというべきかもしれません。あの当時、純粋さと軍事法廷は、相反する二つの言葉でしたからね。あの軍人たちが、サルバドールに死刑を言い渡すよう直接命令を受けていたのかどうか、私に質問してもらっても、決して答えることはないでしょう。今、私が確信していることは、やはり彼らは間接的に命令を受けていた、それもたくさん受けていたということです」

審議に参加した軍人の一人はこう答える。

「私が携わったどの軍法会議でも、私の決定能力に影響を与える上からの命令は一度も受けたことがありません。でも、命令がなかったのは、必要がなかったからだと言うべきでしょう。軍法会議に関係していたすべての軍人は、フランコ体制に近い人たちでした。弁護側の利益に対抗するという姿勢をとるために、上からの命令がある必要ありませんでした。さらに、サルバドール・プッチ・アンティックは当時あった法律によっても、あまり言い逃れができる可能性はありませんでした。そこで、特別な危険性のある人物に特殊な法律の条項が適用されたのです。技術的に私たちに困難だったのは、彼に極刑を宣告しないことの方でした」

判決は予定された時間がくる前に告知された。それはタイプで打たれた五ページのもので、そこには五人の軍人たちがそれぞれの論点を開示し、結論を述べていた。《われわれは被告人、サルバドール・プッチ・アンティックに対し、一つのテロ行為の犯罪の犯人として三〇年の禁固刑、そして、もう一つのテロ行為の犯罪の犯人として死刑の判決を言い渡さねばならず、これを宣告する。そして第一の刑罰については、判決にある期間に刑の停止も付加事項としてあり、第二の刑罰に関しても、恩赦があった場合、同様の付加事項がある。……また、サルバドール・プッチ・アンティックは死亡した刑事補の相続人たちに対し、百万ペセタを支払うべきであろう》。オリオール・アラウの傍で判決文を分析したパコ・カミナールは確信している。

「思うに、裁判官たちは彼に恩赦が与えられるのが簡単になるよう、この判決文を作ったのだと思います。警察官が死亡した第二の事件によって、判決は彼に死刑を宣告しましたが、司法的には、たくさん情状酌量が考慮されていたので、とても甘い判決でした。判決文をこのように書くことで、彼らは国家元首が減刑する道を開く可能性を残そうとしたのだと思います。私はあの軍人たちが、あの死刑判決が処刑にまでは絶対至らないと考えていたのだと、確信しています」

あの軍人たちの一人は言う。

「判決文を作っていたとき、私たちは一度も恩赦の可能性について考えたことはありませんでした。サルバドール・プッチ・アンティックはその犯行を考慮すれば、重い罪を受けてしかるべきで、当時の法律にあった、より重い罰の一つが相応しかったと思います。判決文を書いたあと、私たちの唯一の気がかりといえば、彼が安らかに死んでくれるよう祈ろうということでした」

弁護人たちは、不服申し立てを行ない、それによって判決を再検討してもらうまでに、三日間の猶予があった。テロリズムの犯罪を扱っており、軍法会議の第一審で裁かれたので、この判決の承認は軍法最高会議ということになる。これが最後の手続きだ。もし、この上告で負ければ、もうフランコの慈悲にすがるしか方法はない。この事態の深刻さに対して、人権擁護連合のオブザーバーとして活動していたベルギー人弁護士のセルジ・レビが、国際的な法曹人たちに向けて、軍法会議の不法性を非難した報告書を作成した。その結論は非常に明快だった。《プッチ・アンティック氏が処刑されないように、国際的世論の盛り上がりを実現することが不可欠である》。

一月一〇日、彼に判決が知らされて、サルバドールの刑務所での状況は大きな変更が加えられた。彼に四三条が適用された。それは死刑囚のための特別な法律で、一二条より耐え難く厳格で、彼はその制約のもとで、あの瞬間まで生活しなくてはならなかった。

刑務所の看守で、サルバドールを担当していたホセ・イルーレは語る。

「衝撃を受けているようには、私は感じませんでした。あの頃、もう彼は私を信頼していて、死刑についても話をしました。私には、彼がそれをすでに受け入れていたように見えました。彼は自分のせいで一人の人間が死んだということ、そして、それは一生を賭けて償うべきものだということを、ある程度まで意識していて、非常に敏感になっていました。私は彼の中に良心の呵責も罪の意識も感じることはなく、彼はあの判決を予期して、それを受け入れていたように見えました」

国際的な反応はすぐに起こった。死刑の知らせが広がっていくと、ヨーロッパの主要な都市では抗議のデモが行なわれた。アムネスティ・インターナショナルは何十人という著名な人物が連帯した呼びかけを発表し、フランコに慈悲を願う手紙や電報を送った。サルバドールの元仲間たちが推し進める連帯の委員会も、何もしていなかったわけではない。イベリア航空の飛行機略奪を試み、スペインの利益が絡む施設に対する爆破活動を強化した。

一方、カタルーニャでは反応はかなり控えめだった。MILとの連帯の委員会は招集をかける力が余りなかった。デモはほとんどなく、参加者もほとんどいなかった。都市ゲリラのよりラディカルなグループが、抗議行動で活発な役割を果たした。

一月一一日の未明、軍法会議の四八時間後、四人の若者が七〇キロの爆薬をバルセロナのディアゴナル大通りにある戦没者記念碑の足元に置いた。爆発物はモリンズ・ダ・レイの石切り場から盗まれたものだった。OLLAの構成員の一人で、その活動に加わったフェリプ・ソレーは言う。

「あれは死刑判決に対する私たちの回答でした。私たちは騒動を起こしたかったので、マタローやバダロナの戦没者記念碑でも似たような活動を実行しようと決めました。あれは常に人に被害が出ないようにした活動でした。あれはサボタージュ行為でした」

爆発の力で完璧に破壊されたはずの戦没者記念碑は、現在もディアゴナル大通りの同じ場所にある。それが完全な形で今もあるのは、ある忘れ物のおかげであった。四人の若者たちはバールを持って行って、記念碑の背後に小さな入り口を掘って、そこに持ってきたものを押し込むはずだったが、バールを忘れたので、結局、彫刻の足元で爆発させなくてはならなかった。爆発は非常に大きな音をたて、近隣の建物のガラスを割ったが、結局、記念碑は元のまま残った。

弁護人たちは判決に不服を申し立てるのに三日しか猶予がなかった。彼らは陳述書を書き上げるため、集中して働かなくてはならなかった。テキストは法律的な観点からみれば完璧であった。一月一二日、彼らはそれを提出した。その同じ日、アメリカ合州国からサルバドールの兄、キムが到着した。空港で彼を迎えたモンセ・プッチは言う。

「まず彼が聞いたのは、サルバドールはもう殺されたのかということでした。キムは新聞を読んで、軍法会議のあと、処刑はだいたいすぐにあるものだと思っていたのです。可哀想な彼は、旅の間ずっと葬式に行くことになると考えていたのです」

彼は弟が生きていることを知って、会うことに固執した。彼は許可を申請する必要があった。刑務所制度の第四三条の適用は面会できる人の数を減らし、所長の特別許可を取るように要求していた。結局、ずいぶんと粘った挙句、許可が下りた。

インマ・プッチはあのときのことを思い出す。

「恐ろしかったたです。キムは精神的に壊れていました。精神的に打ちのめされ、何を言っていいのか分からなかったのです。彼は言葉が出てこず、サルバドールの方が彼を元気づけるために、思い切らなくてはなりませんでした。サルバドールは『さあ兄さん、あんな遠いところから何も言わないためにやってきたんじゃないだろ』って言いました。キムは帰るとき、もう我慢できず、泣き出しました。『死刑を宣告されているなんて！』『死刑を宣告されているなんて！』と、同じ言葉を繰り返して、もうそれ以上、何を言っていいのか分からなくなっていました」

あのときが、二人の兄弟が刑務所で会うことができた唯一の機会だった。キムは仕事を長くは休めなかった。彼は精神科医として働いているニューヨークの病院にすぐに帰らなくてはならなかった。死刑囚のための制度の管理下にあった弟に面会した強い衝撃にもかかわらず、帰りの旅は行きとは違っていた。妹たちが持っていた希望が彼にも伝染していた。すべての希望が失われたわけではない。軍法最高会議が判決を無効にするかもしれないし、そうでなかったとしても、すぐに恩赦になるはずだと彼女たちは確信していた。帰る前、キムは末の妹に八月をアメリカ合州国で過ごさないかと招待した。サルバドールはそれを知ったとき、メルソナを励ますために、そして同様に自分も励ますために、彼女に一通の手紙を書いた。

すごく感動的な旅になると、ぼくは信じている。バルセロナ・アエロプエルト。離陸。飛行機が高度を上げている間、胃袋が空っぽだって感じる。それは一瞬だけど。少し経つと、金属的な声だけど、微笑みを感じさせる、スチュワーデスさんの声が聞こえる。『ご搭乗のみなさま、シートベルトをお締めくださ い』。ほとんど気付かないうちに、青く染まった飛行機は長い旅を続ける。マドリード、リスボン。すごい跳躍だ、新大陸に向けて、進路はアメリカ。

絨毯の下は海、小さな窓からは青い空。恥ずかしいけど初めての体験。窓を見てごらん。いたずら好きな雲がお前を歓迎して優しく包んでくれる。『ウェルカム、ニューヨーク・エアポート…』

メルソナ、お前は辛くて心配ばかりの日々を送っていた。七三年は一二粒のブドウで終わって、少しにがい味がお前の人生を、ときどき少し急がせる。裁判所ですべてが終わるんじゃない。頑張れ、少女！　二項式と多項式はさっさとやっちゃえ。六月にはできるようになっているさ。八月は見るべきもの、話すべきことがいっぱい……。ぼくには何を話してくれるかな。

Bye, goodbye, darling!

弁護人と家族は希望に根拠を与えるため、彼らの裁判に最高の支援と可能な連帯を獲得しようと試みた。彼らは判決の見直しの日時が決まるのを待つ間、支援をお願いするためにバルセロナの著名人を訪問した。

インマ・プッチは説明する。

「友人や家族の連帯がなくなることは決してなかったので、私たちは孤立してはいませんでした。でも、ほかの場所で助けを求めるのはとても難しかったです。たくさんの偉い人たちに会いに行きましたが、彼らの答えは満足いくものではなかったです。オリオール・アラウに付き添ってもらい、枢機卿のフバーニに会いに行ったときはとくに不愉快だったのを覚えています。フランコのカトリック教会への影響力は強大でしたが、フバーニは開放的な人だと聞いていました。でも、私をひどく落胆させました。彼はサルバドールがしたことを快く思っていないと話し始め、私たちにお説教をするような感じでした。私だって彼がしたことに納得していませんが、あれは彼を裁くための時間ではなかったはずです。彼は命を危険に晒していて、私には、フバーニが関わりをもちたくなかったように見えました。彼の態度は聖職者というより政治家に見えたので、私は『一人の人間が殺されようとしています。あなたは何をしますか？』と言ってやりました。私は動揺して、彼を侮辱しました。私をその部屋から出すために、オリオールは私を引きずっていかなくてはなりませんでした」

インマとオリオールに対し、フバーニ枢機卿はあまり関心を示さなかったが、彼らの訪問を受けたあと、彼はカタルーニャのすべての司教の署名を添えて、フランコに宛て手紙を送った。フランコに届いた手紙は、それが唯一のものではなかった。軍法会議のあと、国家元首は国内はもとより、国際的に有名な人物たちからも、慈悲を願う無数の手紙を受け取った。彼が受け取った電報の一つにはサルバドールの父、ジョアキム・プッチと署名されたものもあった。

カルマ・プッチは言う。

「私の父は相変わらず無気力な態度で、彼はサルバドールに会いに行くことも、手紙を書くこともできず、もちろん、ほかの誰にも手紙を書く元気はなかったようです。彼は麻痺していました。ですから、オリオールは彼の名前を使って電報を打つことにしました。一通はフランコに、一通は国会議長アレハンドロ・ロドリゲス・デ・バルカルセルに、そしてもう一通はフアン・カルロス王子に送りました」

フランコの国会でもそれなりの適切な反響があった。サラマンカの国会議員であるエスペラベ・

デ・アルテアガは、国会の単調な議論の中の一つに口出しして、死刑判決に反対の態度を示した。彼の口出しはちょっとした騒ぎを引き起こし、ほかの国会議員たちは興奮して、可哀想なエスペラベ・デ・アルテアガに大声で叫び、すぐに判決を執行するよう要求した。

事態の深刻さを前に、イデオロギーの隔たりやMILのメンバーによる拒絶にもかかわらず、「カタルーニャ会議」はこの裁判に関して、以前より毅然とした態度をとった。《死刑反対　サルバドールを救え》を、組織の一つのスローガンに採り入れた。カルマ・プッチは火花が散るような怒りを目に、こう話した。

「それはとても少なく、とても遅かったです。サルバドールは彼らの組織の一人ではありませんでした。彼はアナキストだったので、彼らはあの事件に首を突っ込むことを恐れていたのです。確かに彼らは抗議やデモを組織しましたが、とても遅かったです」

今でも弁護人たちや家族は、反フランコ陣営の態度を厳しく批判する。プッチ・アンティックの件に関して彼らの関わり方は、ブルゴスの裁判のときとは違っていた。今回は、ETAの活動家への死刑執行を回避しようと彼らが組織した運動とは比べようがなかった。しかし、一九七〇年から一九七四年にかけて、スペインの政治状況が大きく変わっていたということも考慮しなくてはならない。これは当時の「カタルーニャ会議」の最高幹部の一人、アントニ・グティエレス・ディアスが私に対し、初めに明確にしたことだ。私は、サルバドールの周囲の人たちに、あの当時、見捨てられたような感覚があったのは何故だったのか、説明を受けに彼に会いに行った。見捨てられたような感覚というのは、彼の言葉だった。インタビューはすぐ終わった。あまり彼はこの件に関心がなく、あまり話したがらなかった。アントニ・グティエレスはその感情を顔に出しながら答えた。

「私はそれには憤慨しています。私はあの家族を尊敬しているし、家族が言いたいことを言う権利があるのも認めます。彼らを救うために十分なことをしなかったと家族が言うとき、私はフランコ主義に殺された人びとのすべての家族と連帯しているように、彼らとも連帯していると答えます。さて、私が腹立たしく思うことは、こうした批判をほかの人たちがするということです。この事件で左翼を批判しようとすることは悪意を感じます。あのとき私たちにあと何ができたでしょうか？　あのとき刑務所に入っていた私たちに何ができたんでしょうか？　フランコ主義者の野蛮さだけが、起こったことのすべてに責任があるのです」

軍法会議という機関は立ち止まらなかった。判決の再審の日時と場所を、マドリードで二月一一日だと指定してきた。そうこうしているうち、サルバドールは上告の結果を信じていたが、本を読み、手紙を書きながら孤独や悲観と戦っていた。軍法最高会議が開かれる少し前、彼は妹のカルマにこの手紙を書いた。

この長い苦しみ（ウィスキーのことじゃまったくないよ［「苦しみ」という単語と「お酒の一口」という単語が同じなので］）は、ぼくたちみんなに思い出を残す。個人的にはうれしいことだ。ぼくはかつても今も、過敏なときを過ごさなくてはならなかったけど、かつても今も、これは早足の人間教育の一種だと思っている。ぼくを囲う四方の壁と小さな空（縦じま模様）からは、理解し発見することが無数にある。もしぼくの状況が《正常化》されたら、ぼくはお前に、不安からの解放、思いやり、鮮烈な体験を、滝のように降りそそぐ言葉で説明できるだろう。［中略］ぼくは憂鬱なんてことはまったくない。でも、時の流れがぼくの背中に重くのしかかり始めた［中略］

民衆の支援、お前たちの援助、そしてぼく自身が三本の柱となって、この瞬間のぼくを支えている。今回は、ぼくがお前を元気付けないとね。ぼくは書くのにとても苦労する。ぼくは自分の孤独の中でいろいろな感覚を味わっているけど、それがあまり伝わらない。ぼくは無数に言いたいことがあるけど、どうやったらいいのか分からない。水門がひらくとき、ぼくは心の中のことをどっと溢れさせるつもりだ。

二月一一日午前一〇時、軍法最高会議が開かれた。軍法会議のときと同様、構成員はみんな軍の将校たちだった。インマとカルマは弁護人に同行するためマドリードに向かった。審理は一般に公開されていたが、傍聴人たちの大半は軍人たちだった。サルバドールの姉妹以外で法廷にいた市民は、ほかの被告の家族たちと、極右の活動家たちの少人数グループだけだった。

カルマ・プッチはあのときを思い出す。

「最悪でした。みんな勲章をつけた軍人たちで、みんなそこで行なわれることには少しも関心がなかったのですから。起訴状を読み上げる人がいて、ひどい読み方でした。ほかの連中は居眠りしていて、サーベルが床にずり落ちたり……。絶望的な気持ちにさせてくれました」

姉妹のフラストレーションは弁護人たちとも共有していた。正式に任命された弁護人であるコンドミネスは、常にオリオール・アラウとパコ・カミナールに付き添われていた。オリオール・アラウは、あの裁判をこう表現した。

「あれはまさに茶番でした。今言ったことは、軍法最高会議を出てすぐにも言いました。彼らは私を逮捕できたでしょうから、そうならなかったのは幸運でした。バルセロナでの軍法会議は、私たちには残念な結果でしたが、あれは最低限、裁判だったと言えます。でも、マドリードでは、私はあれを何と呼んでいいのかまったく分かりません。起訴状を読んでいた軍人は、何度もつっかえて、自分が何を読んでいるのかもまったく分かっていなかった。あの人は事件のことに触れて、その五分後に二つの死刑を読み上げました。まるで三万ペセタの罰金だと言ってるような感じでした」

軍法最高会議があった翌日、カルロス・アリアス・ナバーロは国会で、政府の取り組みの方向性を明確にする演説をした。それは《二月一二日の精神》として知られるもので、体制側の改革主義の党派にも、野党の穏健派にも好感をもって受け入れられた。演説は市民の広範な政治参加を予告したが、治安の問題に関しては譲歩は何もなかった。サルバドールの弁護人と友人たちは、二月一二日の精神に何も楽観的なものは読みとならなかった。サルバドール自身も同様だった。しかし、それでも妹のカルマに書いた手紙には、自分の精神状態を取り繕うとしていた。

この象牙の塔に閉じ込められながら、自らの思想の自由を守るために——自分を探求しながら——ぼくは自分の中に撤退する。夢、思い出、交差し反抗する感情。ぼくはじっと待つこと——いつまで?——に消耗しはじめる。でも今回は、心配するな、悪いヤツラをを打ち

負かそう。

今日のぼくは、もしこの言葉がうまく当てはまるなら、いつもより落ち着きがないって言える。刑務所については、もうあまりに多くのことが語られた……。でもぼくにとって、ここは行動が許されない場所なんだ。物体へのこの変換。永遠のこの待ち時間。ぼくは決して、あるかもしれない減刑に期待しているわけじゃない、すべて一般的なことを言っているんだ。この気持ちは、前方に崖があると走りたくなるのに似ている。

これを読んで、ぼくの気が滅入っているなんて思わないでほしい。むしろ、ほかの選択肢を見つけるためには、今ある現実を知る必要があるのだと理解してほしい。


一週間後、それらの選択肢は減らされた。二月一九日、軍法最高会議は決められた期間で、あの判決を承認した。その瞬間から、すべての責任はフランコと、フランコの政府の手に委ねられた。死刑の執行はあと内閣の《承認》次第であった。もし、毎週金曜日に開かれる閣議のどれかで、判決に《承認》が与えられると、サルバドールの命を救うための時間は、僅か一二時間しか残らない。あのとき以降、金曜日はそれまで以上に期待され、恐れられる日となった。

「MILの囚人と連帯する委員会が製作したチラシ」
「社会革命のためには資金が必要だが、銀行襲撃という危険を冒してまで多額の資金を得ようとする人びともいる。本来なら、カンパを要請して大勢の人びとの力を借りることが、尊敬される革命家としての人生をまっとうすることに繋がるだろう。だが、銀行襲撃を行なった人びとも孤立させずに、救援しよう。そのためには街に出よう」と呼びかけている。

第8章　九時四〇分

三月の第一金曜日の夜、最後の時間は無慈悲に過ぎようとしていた。刑務所の礼拝堂付きの司祭、パブロは予審判事に言われたことなんかを気にも留めるつもりなどなかったが、彼はすでに死刑を言い渡された若者と一緒にいる決心をしていた。サルバドールが最後の夜を過ごすべき部屋は看守や軍人や警察官でいっぱいだった。だから、初めは、誰も司祭がそこにいることに気付かなかった。誰もしゃべっていなかった。サルバドールは手紙を書きながら、机の前に座っていた。司祭は思い切ってこの沈黙を破るとき、一瞬ためらった。一一時を何分か過ぎたところだったが、礼拝堂でサルバドールと時間を共にすることになっていた姉妹は、まだモデロ刑務所に到着していなかった。手紙を書くことは待つことに耐える最良の方法だった。《私は風の悲しみを歌に込めよう》。これはレオ・フェレーの詩の一節だ。彼が書いた三通の手紙の最後の一通の冒頭に添えられた。それは、ニューヨークにいる兄のキムに宛てたものだった。そのとき、パブロは彼に近づき、肩に手を置き、優しく静かな声を出そうと努力した。

「お話をしましょうか、わが息子よ」と、彼は言った。

「わが息子なんてもう一度言ったら、ひどい目に遭いますよ。司祭は要らないと言ったはずだ」と、サルバドールは目に怒りを込めて、彼の手を払いのけて答えた。

予審判事はサルバドールに考えを変えてもらおうとした。規則はとても厳格で、彼は直接的な家族としか一緒にいられないので、最後の瞬間に役に立つかもしれない司祭の立会いを断らないように言った。しかし、この軍人の言葉はサルバドールが取った態度を変えることができなかった。サルバドールはすでに彼に伝えたように、断らないだろう唯一人の司祭はマネロ神父だけということに固執した。つまり、敬虔なサレジオ会司祭で、マタローでの彼の先生だった人の立会いなら受け入れるということだ。マネロ神父は司祭というより友人だと思っているからだ。

サルバドールのその承諾を得ると、予審判事のネメシオ・アルバレスは、マネロ神父にこの知らせを伝え、刑務所に来ることを要請するため、部下に居場所を突き止めるよう命令した。また沈黙が、死刑を宣告された若者が最後の手紙を書く広間を支配した。それはカタルーニャ語で綴られた。

親愛なるキム

新しい判決は手短かなものです——死刑の宣告。この時点で、ぼくの気持ちを説明するのはとても難しいかもしれません。たぶん、ぼくが戦ってきたことが正しかったということの肯定として、今、大いなる試練のとき、ぼくがより固く信じることは、彼らが不合理な復讐を成し遂げたということです。むかつきます。ぼくはむかついています。

ずいぶん前、ぼくが今も居場所場を見つけられていないこの世界で、ぼくは何をしているんだって自問しました。間違いなく新しい世界はやって来るから、ぼくを教条主義者扱いしないでください。その問題は、ぼくが愛するすべての人たちの前に、やせこけた姿を晒しています。それはあなたたちにとって、余りにも苦しい試練です。

だから、今、人生に関する形而上学的な無意味な話しに陥ってしまわないために、この手紙は兄さんたち（あなたとリーとミシェル）に対するぼくの気持ちの表明として受け取ってください。ぼくはすべてから断ち切れた。自分で責任をとります。こぼれるであろう血は、無駄にではないでしょう。

さて、兄さん、ぼくがあなたに語ることができるであろうすべてのことは、この手紙にあり、風の悲しみの中にあります。

あなたを好きな、サルバドール・プッチ

元気で、そして無政府へ！

サルバドールが手紙を書き終えようとしていた場所から余り遠くないところにある処刑の部屋では、一人の看守が、一脚の椅子を垂木の前に作った。垂木はその部屋の中央にあり、釘で垂直に固定されていた。その横には手提げ鞄を持った一人の男がいた。たった今街についたばかりといった、田舎者のような感じの男だ。五〇歳くらいで、赤らんだ顔をして、古くて擦り切れた上着を着ていた。アントニオ・ロペス・ゲラだ。マドリードの県司法管区の役人で、バルセロナに出張してきた。彼は現役を続けていた最後の死刑執行人の一人だった。彼の手提げ鞄には仕事道具が入っていた。数ヵ月前、アントニオ・ロペスは自分の職業について、非合法的に撮影された『最愛の死刑執行人』というバシリオ・マルティン・パティーノのドキュメンタリーの中で語っていた。ドキュメンタリーのディレクターはいくばくかのお酒やお金と交換に、死刑執行について語らせた。彼は三〇年の経験があり、一回の処刑で四千から五千ペセタもらっていると説明した。ドキュメンタリーでアントニオ・ロペスはこう言っていた。

「これは治安警備隊や武装警官隊のような仕事です。義務となっている初めの宣誓では、もし父親を殺す必要があるときは、父親でも殺すということでした」

一一時半、弁護人はサルバドールの姉妹に付き添って刑務所の門までやってきた。彼女たちをそこから中に通すとき、看守たちは徹底的に彼女たちをチェックした。そのあと、オリオール・アラウは弁護士会本部があるマジョルカ通りに向かった。あの時間でも、弁護士会本部の中央広間には百人以上の人が集まっていた。それは《承認》というニュースを電話連絡網が伝えた結果だった。そこにいた人の大半は弁護士で、政治的により深く関わっている会員を結集した連合体である人権擁護委員会に所属する人たちだった。この集まりを組織したマルク・パルメスはあのときのことを語る。

「私たちはみな、自分が知っている人の電話や住所をチェックするために手帳を引っ張り出しました。私たちはバチカンに電話すると約束してくれたホアキン・ルイス・ヒメネスと話しました。フランコの主治医であるプッチベルト博士にも会いに行きました。こうした行動は私たちがもっとも期待をかけた働きかけでした。私たちができることはすべてしました。ドイツのウィリー・ブラントやスウェーデンのオロフ・パルメ、それからアメリカ合州国やオーストラリア等に電話しました。実際、その行動は非常に遅かった。たぶん遅すぎたと言えるでしょう。しかし、あのときはみんな恩赦がすぐに出るものだと信じていました。あの初めの何時間か、弁護士会の雰囲気は緊張して熱狂していて、絶望はしていませんでした。サルバドールには、彼のためになされていることをすべて知ってもらう必要がありました。私たちはそれが彼を元気付けると考えたのです」

オリオール・アラウは、彼にそれを知らせるため、モデロ刑務所に戻る準備をした。同僚のパコ・カミナールにも一緒に来てくれるように頼んだ。面会はオリオールだけが許可されていたので、彼はサルバドールには会えないわけだが、あのとき、彼らにはほとんど情報がなく、パコ・カミナールがモデロ刑務所の事務所にいることができれば、それを入手する助けになると考えた。彼らは処刑の予定がこれから先どうなっているのか知らなかった。唯一、確実なデータは時間だった。恩赦がなければ、彼に決定を通達した一二時間後、つまり朝九時半に彼らはサルバドールを処刑するということだ。

刑務所へ戻る前、オリオール・アラウは、もうバルセロナにほとんど残っていないサルバドールの仲間とコンタクトをとった。何人かは彼をモデロ刑務所から脱獄させる不可能なプランを空想し、準備し、そのほかの者たちは弁護士会で行なっている働きかけの作業に加わった。

OLLAの活動家の一人で、そのとき弁護士会館にいたフェリプ・ソレーは言う。

「私はあの晩、ずっとあそこにいました。連帯の委員会や、私たちとコンタクトがあったヨーロッパのグループに電話しました。彼らに動いてくれるように頼みました。どんなことでもしなくてはなりませんでした。私はあるとき決心して、弁護士会館でみんなに向かって、ピケを張る必要性を訴えました。通りに出て、工場に行って……。私たちは街を動かすために最大限の努力をしなくてはなりませんでした」

その時間、バルセロナは眠りにつこうとしていた。その夜は寒くてじめじめしていた。あの当時、金曜日であっても街には夜の生活がほとんどなく、通りには人気がなかった。それは、バルセロナのある有名な場所で開かれていた祝賀パーティの空気と好対照の、荒廃した風景だった。ディアゴナル大通りにあったレストラン「ラ・オカ」では、雑誌『ポル・ファボール』創刊号がお披露目になっていた。それは時代を画する風刺雑誌だった。フランコ体制の最後の数ヵ月、そして、移行期の初めの数年、その週刊誌の編集者たちはユーモアを盾に使い、同時に、それを権力批判に決定的で有効な武器とした。『ポル・ファボール』誌の協力者の一覧には、フォルゲス、ペリク、セスク[*1]、ファン・マルセ、フランシスコ・ウンブラル、マルハ・トーレス、マヌエル・バスケス・モンタルバンなどの名前があった。プレゼンテーションのパーティは、あの時期のカタルーニャの政治的状況を反映していた。ジャーナリスト、作家、民主的反体制派の著名なメンバーたちが、改革派や穏健派で体制と結びついていた政治的代表者たちと交流していた。マヌエル・バスケス・モンタルバンはあの日のことを話す。

「私は祝賀会の途中で《承認》ということを知りました。まだ、それを知らなかったルイス・デル・オルモは、お祝いの場での決まり文句を言っていました。《今夜はうれしい夜です。なぜなら新しい情報伝達の雑誌が生まれたからです……》。そこで、私は愛想よく話を止めて、ニュースを伝えました。『今夜はうれしい夜にはならず、正反対かもしれません。サルバドール・プッチ・アンティークの処刑が確定しました』。全体的な反応は無力感と意気消沈という感じでした。誰もそんなことは予

＊1　セスクがフランコ時代に描いて発禁になった風刺漫画を年代順に配列し、評論家モンセラー・ローチの文章を添えた本が出版されている。『発禁カタルーニャ現代史』（現代企画室、一九九〇）

期していなかった。そのパーティにいた情報観光省の代表がさっと私に近づいてきたのを覚えています。私に説明を求めたのです。彼は何も知らず、信じられない様子でした」

モデロ刑務所では、インマ、モンセ、カルマが手続きを済ませて、サルバドールが閉じ込められていた部屋まで案内された。会ったときは激しい感情が行き交った。インマはのちに兄のキムに書いた長い手紙で、正確かつ詳細にそのときのことを伝えている。彼女はサルバドールの傍らで過ごした最後の時間を、兄キムとも共有しようと、数日後にその手紙を書いていた。それはキムがアメリカ合州国にいたため果たせなかった体験だった。

親愛なるキム

すべてがどうだったのか、私ができる範囲であなたに伝えたいと思います。私たちが到着したときはとても幸せで、同時に辛いものでした。サルバは私たちと一緒にいることでとても満足していましたが、明らかに神経質になっていました。それは、彼は押し隠していたけど、初めからそれは無理でした。あなたには変に思えるかもしれないけど〈どこからなのか私は知らないけど、こんなとき人は力を引き出す〉、サルバドールがいたところへ入っていくとき、私たちはとても明るく振る舞って、私は彼に《この子ったら、なんてことなの。恩赦のために私たちをうんと働かせて》って言ってやりました。彼は一〇人くらいのあの連中に取り囲まれて、お別れの三通の手紙を書いていました。すぐに私たちは楽しいことを話し始めました……。結局、率直に言って、初めの二時間は楽しく過ごせました。

何もドラマはなかった。サルバドールの傍で過ごした時間を、姉妹はみな同じようにこう思い出す。涙も嘆きもなかった。彼女たちはそれを事前に約束していた。サルバドールはあの長い夜を、気持ちが衰弱することのないように彼女たちから元気と希望をもらわなくてはならなかったのだ。しかし、それでも、サルバドールが神経過敏になっていることや不安をごまかすことは不可能だった。彼は頻繁にトイレに行く必要をこらえることができなかった。あの晩、彼は何度も何度もトイレに行った。部屋をでるたびに四人の看守が同行し、彼らは規則にあるように、ドアを開けたままさせた。

インマは言う。

「彼が部屋の外に出るたび、私は、あの人たちは彼を殺す、彼を殺すんだと言いました。でもモンセは違いました。彼女は『もうすぐ、ママが何とかしてくれるはず』って言っていました。ママはもう死んでいましたが、彼女はママが何とかして、彼を助けてくれると確信していたのです」

カルマはそれに付け加える。

「彼女が奇跡を待っていた一方で、私は部屋で一人になるときがありました。一人の看守か警察官が近づいてきて、どちらだったかもう思い出せませんが、その男が私に絞首刑ってどういうものか知っているかと聞いてきたのです。そして、絞首刑がどんなにひどいものか、私に初めから終わりまで全部説明するのです。こと細かくです。で、私は言ってやりました。『ありがとう……、あんたが死んだら』ってね」

それは真夜中だった。オリオール・アラウとパコ・カミナールはモデロ刑務所に着いて、刑務所の管理部門である統括事務所に直行した。事務所は政治警察の警察官でいっぱいだった。二人の弁護士は自由に使える一つの机と電話をお願いした。そして、それが調達できると、パコ・カミナールは弁護士会館から働きかけを行っている仲間と刑務所との橋渡しができるよう準備を整えた。オリオール・アラウは警察官や軍人たちから情報を得ることに努めた。手順はどうなるのか、フランコが認めたとき、恩赦はどういうふうに伝えられるのか質問した。しかし、返事はなかった。そのあと、彼はサルバドールと姉妹が知らせを待っている広間に向かった。

オリオール・アラウは告白した。

「あの夜、私は自分をお金をすっているのに賭けを止められないギャンブラーのように感じました。初め、私には一二時間残っていました。でもそれが一一時間、一〇時間と……。タイムトライアルの種目をしているような感じでした。あの部屋に入っていったとき、九時間しか残っていませんでした……。ですから、私たちがしていることを説明し、彼に安心感を持たせようと努めました。恩赦が今すぐにも届くはずだということに、微塵も疑惑も感じさせるわけにはいきませんでした」

オリオール・アラウはサルバドールと姉妹に会った。彼らはインマが持ってきたアルバムの家族写真を見て、幼いときのエピソードを思い出していた。オリオールがいたのは僅かな時間だった。彼はサルバドールに、あの夜に動員されていたたくさんの人たちの名を数え上げ、まだこれからしなくてはならない数多くの働きかけを説明した。それは、慌しい時間だった。

インマは兄キムへの手紙の中でそれをこう紹介している。

オリオールはひっきりなしにサルバドールに新しいことを伝えていました。それが彼に、みなが付いていると思わせる以上に、理解されて、支援されていると感じさせることにもなりました。彼の中に希望を抱かせたのです。しかし、彼は苦しんでいました。ものすごく苦しんでいました。ただ、幸運にも、自分を抑えつけることはまったくなく、彼自身、頻繁に「こいつらが俺をすごく苦しめる」って言っていました。

あの夜の初めの何時間か、オリオールは礼拝堂を通り抜け、何度でも好きなときに広間を出たり入ったりしていた。予審判事も刑務所の所長も規則をよく分かっていなかった。バルセロナでは三〇年間、似たような状況を誰も体験していなかった。彼らは弁護士が勝手に出たり入ったりしていいのかどうか分からなかった。軍人たちに確信がなく、未経験だったことから、オリオール・アラウのきっぱりとした決意がまかり通った。

しかし、政治警察の警察官は弁護士たちを信じていなかった。死刑を言い渡された若者を助けるために何か絶望的な行動が起こされるのではないかと恐れていた。彼らはパコ・カミナールが統括事務所にいたあいだずっと横にいた。そして、オリオール・アラウが刑務所を出ると、彼を尾行した。カモフラージュされた二台の車が弁護士会館まで彼のあとをずっとつけていった。

一方、タラゴナの刑務所では、ハインツ・チェズが司祭とインド双六をしていた。礼拝堂での彼の夜は、サルバドールのそれとは何ら似ていなかった。実際、誰も彼の処刑を止めるための活動はしておらず、彼に付き添っている唯一の人たちは、彼の弁護人たちと二人の聖職者たち、ジュアン・バデイとベンハミン・スアレスだった。それぞれカトリックの神父とプロテスタントの牧師だった。彼らがそこにいるのは、処刑を指揮しなくてはならなかった軍人たちの発意だった。彼に軍人たちが言ったことに拠れば、彼に神とともに平穏に死ぬ機会を与えたいということだった。ハインツ・チェズは家族もなく、友人もおらず、一度も宗教を信じたこともない無国籍人だった。彼が最後の瞬間を迎えるとき、彼に付き添う人がその二人のうちのどちらがいいか選べるように、軍人たちは二つの異なった宗派から二人の代表を呼んだ。インド双六で遊ぶのも、お互いを知るにはいい方法だと軍人たちは考えた。

ハインツ・チェズは一九七三年九月二〇日の午後、一人の治安警察隊員を射殺したことで死刑判決を受けていた。この男が、あのようなことをするに至った動機は今も知られていない。チェズはバンデジョスの一軒のバルでコーヒーを飲んでいた。その前は、あるドイツ人が所有する一軒の山荘を訪れていて、そこから猟銃を持ち出していた。突然、一人の治安警察隊員がそのバルに入ってきて、カウンターに近づいた。タバコを一箱くれと言ったので、店の人が彼にそれを渡そうとすると、その前にチェズは外套の中に隠していた猟銃を取り出し、平然と彼に二発撃った。

ハインツ・チェズには前歴がなかった。どんなほかの種類の犯罪も犯していなかった。彼は貧しい浮浪者として、犯罪組織のために働く、金で雇われたとても危険な殺人者だったのかもしれない。彼について知られていることは、一九三九年にポーランドで生まれているということだけだった。第二次世界大戦の間に彼はすべての家族を失い、四歳のときから一人で生きなくてはならなかった。ヨーロッパのあちこちの国で生活していたが、生活のための稼ぐ手段はどういうものだったのか分からないままだ。

ハインツ・チェズは金髪で背が高く痩せていた。看守たちは彼が非常に行儀のいい人間だったことを覚えている。毎晩、インド双六をやって、落ち着きを失うことは一度もなかった。そして、一度も勝負に負けることがなかった。


夜が更けていくと、バルセロナの弁護士会館に集まっていた人たちの希望は小さくなっていった。オリオール・アラウは刑務所から帰ってくると、初めの働きかけのどれもが、期待した結果を得られていないと報告された。モンセラットの修道院長、カシア・M・ジュストや、ホアキン・ルイス・ヒメネスを通して、バチカンとコンタクトがとれた。彼らが知ったところによると、法王パウロ四世自らが何度かフランコと話しをしようと試みたが、そのたびに電話の相手は、総統は今眠っていて、起こさないようにと命令されていると言った。プッチベルト博士もパルド宮に電話したとき、同じ返事をもらい、フランコの姉妹であるピラールと話をしたという。プッチベルト博士は死ぬ数ヵ月前に行なったインタビューでこう説明した。

「彼らはフランコが眠っていたので、起こすことはできないと言いました。弁護士会の人たちが私にそれを頼むのが遅すぎました。彼らがもう少し早く言ってくれたらフランコと話せて、たぶん、その手続きを止めることができたと、いつも思っていました」

フランコと話すことの可能性を求めて、彼らはフランコの周辺でより身近な人への働きかけをした。独裁者に実際に最も影響力を持つ軍人の一人、ニエト・アントゥネス提督の住まいに電話した。しかし、幸運には恵まれなかった。電話に出た人物は、提督はもう初めから、死刑にすることに賛成だったから、そんな可能性をニエト・アントゥネス提督に期待することはできないと言った。

オリオール・アラウの刑務所での最後の面会は、サルバドールと彼の姉妹の気分を盛り立てることができた。彼らは悪い知らせは無視した。写真を見て子どもの頃のことを話したあと、しばらくの間、笑い話をした。

インマは強調する。

「私たちは笑い話を言い合いました。自然な感じで自発的に言い出しました。何にも強制されたわけではありません。初めの何時間か、私たちは話し続けました。あたかも沈黙を怯えているかようでした。夜も更けて、突然、サルバドールは頭を後ろに傾け、そのまま半分うとうとしているみたいでした。私は目を閉じて、彼の手を握りました。そうしたら彼はモンセの手を握り、モンセはカルマの手を握りました……。私たちは何も言わず手を取り合っていました。どのくらいの時間をそうして過ごしたのかよく分かりませんが、二時間くらいだったと思います。静かで、優しい、愛情のこもったこの時間が彼の緊張を解きほぐしたのだと思います。これはヒステリックになることなく、彼が私たちにさよならを言う一つの方法だったと、私は思いました。あのとき、私は彼の髪の毛を撫でました。髪の毛はとても黒くてふさふさしていました。命がいっぱい詰まったあの髪の毛を撫でていたとき、私は思いました。《これから数時間後に、彼が死んでいるなんて信じられない》と。あの状況はあまりに辛かったので、もうそのときのことを伝えるなんて、私には不可能です」

まだ夜の明けない午前四時、弁護士会館の中央広間は人が減り始めた。もうこれ以上することがなく、オリオール・アラウはサルバドールの傍で最後の時間を一緒に過ごせるよう刑務所に戻った。戻る前、彼は夜通し開いていた数少ない店の一つに入った。それはパセオ・デ・グラシアにあるバルだった。オリオール・アラウは絶望感に襲われ、紙ナプキンを取って、強迫観念にとりつかれたように書き始めた。《今夜、プッチ・アンティックが殺される》《今夜、プッチ・アンティックが殺される》。店の主人は彼が書いていることに気づくと、それを捨てた。

そのときのことをオリオール・アラウはこう説明した。

「あの晩、私の頭をよぎったことを話せば、あなたは私が気が狂っていたのだと言うでしょう。実際、私は気が狂っていました。彼を助けるためなら何でもやろうとしていましたからね。犯罪を犯していたかもしれません。弁護士として話しているのではありません、人間としてです。一人の市民として、彼らがサルバドールを殺すのを、私は許せなかったのです」

午前四時、刑務所の統括事務所では、それまでいた多くの軍人や政治警察の警察官の数が目立って減っていた。パコ・カミナールは事実上、一人だった。弁護士会館から戻ってきて、礼拝堂に行こうとしていたオリオール・アラウは、電話の前に座っていた彼を見つけた。彼はとても落胆していた。予審判事がモデロ刑務所で処刑が行なわれると彼に告げたところだった。また、選ばれた処刑方法はガローテ・ビル［鉄環絞首刑］だろうと言った。二人の弁護士は何を言っていいのか分からないまま、お互い見詰め合った。その知らせの衝撃を克服できたとき、オリオールはパコに外に出て働きかけを続けてくれと頼んだ。オリオールはあとまだ何ができるのか分からなかったが、もし彼がサルバドールに付き添って最後の時間を過ごすなら、ほかの誰かが、この街にまだある活力を動員するために外にいなくてはならなかった。

パコ・カミナールが詳細を語る。

「あの時間、もう手元のカードがほとんど残っていないというのは分かっていました。弁護士会館に戻って、落胆していた人たちに会いました。それでもまだ誰も完全に諦めようとはしていませんでした。何をしていいのか分からなかったけど、引き続き活発に行動していることが必要でした。私はあのあと、家に帰って、最後の電話をかけていました。それは絶望的な策でしたが、もし、朝早く、街の著名人たちのグループがモデロ刑務所の門のところに集まったら、たぶん刑務所所長は処刑の進行を止めて、パルド宮に電話をするのではないかと考えました。それで、いろいろな人のところに電話しました。誰に電話したかは言いたくないですが、返事はすべての場合でよく似ていました。《どうか、私にそんなこと頼まないでほしい》」

未明の五時からは、オリオール・アラウもサルバドールに付き添うグループに加わった。みながじっとしていられない夜を共に過ごしたあの広間に、誰かが入ってくるたび、希望を持ってドアの方を振り返った。もし恩赦が与えられるとしたら、その知らせはあのドアを通ってくるはずだった。夜通し、あのドアは何度も開いたり閉まったりした。看守たちはひっきりなしに出たり入ったりしていた。いっときも彼らだけにはしなかった。いつも三人か四人の看守が彼らを見張っていた。ヘスス・イルーレはもう勤務の時間ではなかったが、あの夜はずっとあの部屋にいた。彼は、サルバドールが弁護士や姉妹と続けていた会話にあえて干渉することなく、部屋の隅に座っていた。

ヘスス・イルーレはあのときの記憶をたどる。

「私はずいぶんと取り乱していました。仲間の前でもそれを取り繕うことができませんでした。ある者は理解してくれて、元気づけてくれました。でも、私に近づいて、わざわざ『時間が来れば、こいつをガローテまで引っ張って行くだけさ』って言うヤツもいました。実際、私はそれを想像して、震えていたのです」

五時半、マネロ神父が到着した。ほかの人たちが来たときと同様に、そのときもサルバドールには元気が漲り、勇気が沸いた。サルバドールがマタローのサレジオ会の学校にいたのはもう何年も前であり、マネロ神父はサルバドールにずっと会っていなかった。二人はあの時代のことを話し始めて、そのあと、学校の古い仲間たちの現在と過去を振り返った。その間、インマには、兄キムへの手紙で説明しているようなことが起こっていた。

およそ六時間くらい経ったところで、私にはとても辛いことがありました。あの不愉快な軍人たちはオリオールに、彼の棺を収める墓を私たちが持っているかどうか聞くように言ったんです。可哀想にオリオールは、それをどう私たちに言っていいのか分かりませんでした。結局、私を部屋から外に連れ出し、それを質問しました。それはあたかも自分の中に釘を打たれるようなものでした。とても勇敢で、元気で、力強く、魅力的なサルバドールを見ているのに、数時間後には、こいつら最低のヤツラのせいで彼が埋葬されなくてはならないなんて。それはひど過ぎる話しです。でも私はそれを隠さなくてはなりませんでした。再び部屋に入り、落ち着いて、平静を保って、また彼と話しました（あの時間の緊張が再び私に芽吹いてきたように思います。今、私はひどく滅入って、別人みたいです。それを克服するには何をどうしたらいいのか分かりません。私は今も彼に会いたくて仕方ないのですから。恐ろしいことです）。

看守たちはその質問に固執した。オリオールが何も答えを得られなかったので、長女のインマに部屋から出てきてもらい、直接、彼女に質問した。

「あなたたちが彼を殺すんだから、あなたたちが彼を埋葬したらいい」。インマは憎悪と怒りに震えながら答えた。

最後の時間は余りに速く過ぎていった。サルバドールはじっとして座っていられなかった。彼は立ち上がり、部屋の狭い空間を端から端へ歩かずにはいられなかった。常に目はドアに釘付けとなって、フランコの慈悲を待っていた。午前八時、軍人たちが部屋になだれ込んできた。彼らは何時間か睡眠をとっていたので、十分に休息したように見えた。彼らはきれいに髪を梳かし、正装であった。ぎらぎらとしたサーベルを下げ、真っ白な手袋をしていた。そして、看守たちに姉妹と弁護士を追い出すように命令した。オリオール・アラウは予審判事のネメシオ・アルバレス中佐に歯向かって、自分は弁護士で、サルバドールの傍にずっといる当然の権利があると言った。一瞬の迷いがあって、予審判事は弁護士の要請を聞き入れた。しかし、姉妹は出て行った。インマが兄キム宛ての手紙に記したように。

サルバと私たちは、恩赦が今すぐにも到着するのではないかとおどけてみました。カルマとモンセは何も言いませんでした。彼女たちは彼を抱きしめて両頬にキスをしました。私もキスをして、彼らが私たちを追い出すから仕方ないと伝え、私たちはすぐに戻ってこられるよう外で待っているから、元気を出してね坊や、と告げました。彼は《姉さん、妹たち、さようなら。ぼくは最後まで耐えるから、苦しんだりしないでね。可愛らしいぼくの姉妹、さようなら》とだけ言いました。

三人の姉妹はサルバドールを見捨てることに抵抗した。そして出て行く前に刑務所所長に会わせるように要求した。

インマは説明する。

「処刑のとき、少なくとも姉妹の一人がサルバドールの傍にいられるよう、私たちは彼にお願いしました。彼らがサルバドールを殺さなくてはならないのなら、私はその場に立会いたいと思いました。あの夜、何度もそれを考えました。私はその場にいたい。でも彼を見るためではなく、私は彼の手を取って、後ろを向きます。彼らがどうやって殺すのかは見たくないけど、互いに手を取り合うために、私はそこにいたかった。彼が好きな人で、彼のことを好きな人と、彼が身体的、人間的な接触を持っていてほしかったのです。彼が憎み、かつ彼を憎んでいる人たちに囲まれて、彼が死ななくてはならないなんて、私は想像できませんでした」

モンセが付け加える。

「ほかの家族と同様に、私たちもたくさんの家での死を経験してきました。ですが、このケースとは比べようがありません。兄が殺されるのを待ちながら一二時間もいるという死に、比べられるそれはどこにもないです。それに、彼が一人で死んだことを考えるとさらに恐ろしい気がします。もし私がこの経験から学んだことがあるとしたら、それは一人の人間が死ぬとき、その瞬間にその人と共にいたという意味です」

モデロ刑務所の所長は、軍人たちが命令を下したときのことを、思い出すだけにとどめた。

「姉妹は刑務所を出て行かなくてはなりませんでした。彼女たちは互いに護り合おうとするかのように、腕を取り合って出て行きました」

少し前に日が昇って、その日は灰色で、じめじめしていた。刑務所の門の前、バル・モデロでは、彼女たちを四、五人の弁護士のグループが待っていた。彼らもできるだけサルバドールの近くにいようとあそこまで移動してきた人たちだった。そのバル・モデロで待っていた弁護士たちの一人、パコ・カミナールは、そのときのことを思い出す。

「あの姉妹が出てきたところは非常に強く印象に残っています。彼女たちは自制しようと努力しているように見えました。ほんの少し前のサルバドールとの思い出や、別れに、まだ衝撃を受けているようでした。彼女たちの顔に映し出されていた感情を描写することは私には難しいです。彼女たちは、私が誰にも味わってもらいたくないと思う体験を経たばかりでしたが、その痛みの向こうで、人間的な大きな充実も得ていました。彼女たちは残りの人生に決定的に影響を与えるであろう、とても濃密な交流のときを体験してきたばかりだったのです」

タラゴナの刑務所では、インド双六でたくさんの対戦を経て、ハインツ・チェズはすでにどちらにするか決めていた。彼は絞首台までついてきてくれる司祭を、カトリックの神父に決めた。時間は午前九時だった。規則にある時間まであと数分しかなかった。チェズの心の状態にあまり大きな変化はなかった。最後の時間を静かに落ち着いて過ごした。彼はコニャックを一杯とタバコを一本求めた。遺言状は残さなかった。彼の唯一の所有物は腕時計だったが、それは、独房の隣人であったポルトガル人の囚人に贈られることになっていた。

チェズは言った。

「なんでこんなに時間がかかるのだ？　こんなこと、もう少し素早くやれるはずだ」

この言葉が、処刑の証人にならなくてはならない軍人たちに向けられた唯一のものだった。その言葉を発したすぐあと、彼はガローテが準備されている部屋に連れて行かれた。ガローテはモデロ刑務所のそれとほとんど同じだった。木製の垂木の前に設置された椅子に彼を座らせて、頭部を黒い布切れで覆った。彼の弁護士たちと司祭は、その場に立ち会っていた。そのとき、セビージャからやってきた死刑執行人は鉄の金輪をチェズの首に嵌め、刑務所所長の方を見た。この所長が命令を下すと、垂木の背後に位置していた死刑執行人がガローテの握り棒を力いっぱい回した。垂木の背後のネジ棒は、金輪がハインツ・チェズの首の骨を折るまで捻られていった。午前九時二〇分だった。

同じ時間、モデロ刑務所では、軍人たちがオリオール・アラウに刑務所から退去するよう強要した。

オリオールは当然の権利として、最後まで依頼人に付き添う権利があると主張したが、タラゴナでのケースと違って、ここでは軍人たちは彼にそれを許さなかった。オリオールがこう説明した。

「これは、サルバドールが殺されると意識した初めての瞬間だったと思います。九時二〇分でした。すべての囚人たちはそのときもまだ部屋に閉じ込められていました。私は彼の腕をとり最後の働きかけをしてくる、まだすべての可能性が失われたわけではないと伝えました。そのあと、外に出て姉妹とパコ・カミナールに会ったときのことを強烈に覚えています。私は悲しく無力感に襲われましたが、私の精神状態を一言で表現しなくてはならないとしたら、それは憎しみでした。私は自由と生命に敵対しようとする一つの体制に対してとても強い憎悪を感じました」

五分後、マネロ神父が出てきた。軍人たちは処刑の間、サルバドールの傍に彼がいることも許さなかった。退室する前、マネロ神父はサルバドールを抱擁して彼の両頬にキスをした。

「今です、いま彼を殺しています」

これが、マネロ神父が刑務所を出てきたとき、弁護士や姉妹に対して言った唯一の言葉だった。みんな泣いた。一方、刑務所の中では、六人の看守が、二人が前、二人が後ろ、そして二人が両側について、サルバドールを刑務所内の処刑の部屋まで連れて行った。ガローテを見るなり、サルバドールは顔をゆがめて言った。

「なんてちゃちなんだ。これじゃあまりにひどい」

彼はどうやって殺されるのか知らなかったのだ。思い切ってそれを彼に言う者もいなかった。ガローテを見て、そして、彼に用意された棺桶があって、その横で彼を待っていた死刑執行人を見て、彼は崩れるように倒れかけた。

処刑の立会人だった看守グループの中にいたヘスス・イルーレはこう話す。

「彼は自分が銃殺されるものだと想像していたのです。銃殺は最も威厳のある死のようです。ですから、彼はガローテで殺されるという準備ができていなかったということです。さらにはすべてがとても陰鬱でした。シャツの袖を捲り上げた死刑執行人がいて、中央にあの棺桶があって、四方を制服の人たち、つまり看守、軍人、警察官がぎっしり取り囲んでいて……。そのとき、彼はぐっとこらえて、予審判事を見て彼にこう言いました。『偉いさん、ついにやったな』」

死刑執行人は素早く行動した。それから何秒かで彼を座らせ、縛り、頭部を覆った。予審判事と軍医は、その広間にいた大半の看守や軍人たちがしたこととは反対に、あえてそれを見ようとはしなかった。

ヘスス・イルーレは言う。

「禁じられたものへの好奇心と、復讐の気持ちがそこには入り混じっていました。彼らの多くは『あいつは警察官を殺したんだ。俺たちの仲間の一人を殺したんだ』と言いました。さらに、彼らの多くは処刑に対して抱く好奇心を隠そうとはしませんでした。このような場合、できるだけ遠くからそれを見ようとするのが普通ですが、彼らは違いました。いい場所を見つけようと押し合い、ガローテの方ににじり寄る人の集団と化しました。下劣なやつらです。私はあのとき自分を抑えることができず、大声をあげ、泣きました」

処刑のあと、軍医のイグナシオ・ミゲル・デルガド大尉はサルバドールの動かなくなった体に近づいた。脈を計り、証明書を書くために腕をとったが、証明はできなかった。彼の心臓にはまだかすかに鼓動があった。当惑し、異様な時が流れた。五分が経ち、軍医は再び彼の体を調べた。まだ彼は死んでいなかった。軍医は予審判事を見て、予審判事は床を見つめた。誰もこのような状況で何をしたらいいのか知識がなかった。また数分経ち、ついに、九時四〇分、最終的な検査のあと、軍医はサルバドールの死を確認した。

だいたいその時間だった。姉妹の中でただ一人サルバドールに別れを告げることができなかった末の妹、メルソナはバスケットボールの試合をしていた。彼女はよく土曜日はそうして過ごしていた。しかし、彼女は突然プレーを止めてコートの横にしゃがみこんだ。監督は何が起きたのか知ろうと彼女に近づいた。彼女はとても青ざめていた。か細い声でメルソナは言った。

「今、この近くで私のお兄さんが殺されているの」

モデロ刑務所の門では、弁護士や姉妹がまだ何が起こったのか知らないでいた。しかし待ち続けること以外、何もできなかった。三〇分後、四台の警察の搬送車に守られた一台の霊柩車がモンジュイックに向かって刑務所を出た。家族や弁護士たち、友人たちは、彼らの希望が決定的に消されたことを確認し、墓地まで葬列の後を追った。到着すると、その場所は完全に政治警察によって支配されていた。姉妹とオリオール・アラウだけは埋葬を執り行う場所に近づくことができ、埋葬の前に、インマが兄キム宛の手紙の中で説明したように、彼らは遺体を見ることが許された。

墓地で彼を見ました。それはいつか会ったとき、説明しましょう。手紙では変な感じがします。外見上、彼は身体的には苦しまなかったという印象でした。これがあなたに報告できる、心落ち着かせることのできる唯一のことです。

埋葬には千五百人ほどの人びとが、みんな赤い花を持って参列しました。警官は誰も中に入れようとはしませんでした。家族や親友たちもです。そして、彼らはいつもの癖を忘れないように、人びとを警棒で殴り、逮捕しました。サルバドールは望んだものを手に入れているような気がします。ここではたくさんのものが変わっていて、少なくとも政治的な意識は高まっています。それは、この情けない国でも、すでに多くの人が意識しています。


サルバドールが死ぬ前に実現しなかった動員は、彼が死んでから広がっていった。処刑のニュースは街を、そして国家全体を揺り動かした。彼が処刑された三月二日、千五百人を超える人びとがモンジュイックの墓地に、警察に抗議しながら集まった。あの日以降、プッチ・アンティックの名は、彼の死に抗議するため通りに出た何千人という人びとの心に、そして人びとの叫びの中にあった。すべての人が平伏して生活していたある国の、ある時代に、何千人という人びとが、サルバドールがしてきたことと同じようなことをして、恐れることなく生きようとした。

数年後、カルマはヨーロッパの旅から戻ってきて、国境を越えようとしたとき、一人の治安警察隊員からパスポートの提示を求められた。

「あなたはご家族だったのですか?」と、その治安警察隊員はパスポートにあった苗字に気づいて、彼女に質問した。

「彼は私の兄でした」と、カルマは答えた。

「お気の毒です」と、その隊員はパスポートを返したあと、一言添えた。「お気の毒です」と。

あの治安警備隊員が言ったことは、個人としてだった。スペインという国家は、フランコ独裁の時代にあった多くの他の事件に関してと同様に、まだ謝罪していない。

パコ・カミナールは言う。

「弁護士として、市民として、サルバドールの死と同様、フランシスコ・アングアス刑事補の死にも深い悲しみを覚えます。しかし、年月が経っても、この事件は再調査がされていません。サルバドールは誰も殺したくなかったし、負傷させたくもなかった。家族は再審を司法に求めました。最高裁は再審を認めず、ストラスブールの人権裁判所は、当時まだスペインが人権条約に署名していなかったから、無効だという。訴訟での真実は、事実に基づいていないもので、サルバドールが公式には、まだならず者だとされていることは公正ではありません。彼は英雄になりたがっていたわけではない。彼は、彼の方法で独裁者と戦い、不当なことと戦ったのだと思います」

弁護士たちや家族、友人たちのほかに、サルバドールの歴史を忘れることに抵抗する多くの人びとがいる。それはたぶん、彼らがいつかその事件が再審査されると信じているからであり、正義を求めているからであり、彼の血が無駄に流れたとなってほしくないためだ……。私には分からない。たぶん、フェレーが言おうとしていたように、それをするのは単に、風の悲しみを歌わせられるからなのかもしれない。

そして、その後……

彼らがサルバドール・プッチ・アンティックを殺した
一九七四年三月二日に……

キム・プッチ・アンティック

弟が処刑されたとき彼は二九歳で、アメリカ合州国に住んでいた。あの日以降、彼はたった一度しかカタルーニャに戻っていない。スペイン国籍を放棄し、妹たちにも同じ行動を求め、彼と一緒に住むことを希望していた。一九八九年、院内感染で死亡した。四五歳だった。

インマ・プッチ・アンティック

彼女は二七歳だった。あのときの怒りと緊張が積み重なって、自閉生活を余儀なくされた。スウェーデンに六ヵ月滞在した。カタルーニャに戻ってきてからは、ゼロ歳から三歳までの子供の教育に従事している。今も、サルバドールのことを話すと、彼が現実にいるように感じる。

モンセ・プッチ・アンティック

彼女は二二歳だった。あの体験から受けた衝撃はあまりに大きく、一〇年間は事件のことを話そうとしなかった。現在は教師として働いている。

カルマ・プッチ・アンティック

彼女は二〇歳だった。処刑の数日後、彼女はサルバドールに一通の手紙を書いた。その中で彼女は《私にとって、あなたは死んでいない。あなたは私の兄さんだ。生きていようと死んでいようと、これからも私の兄さんだ》と語りかけた。彼女は看護学校の勉強を終えて、現在はバルセロナで看護師として働いている。

メルソナ・プッチ・アンティック

彼女は一三歳だった。あの礼拝堂で姉たちと一緒にいられなかったこと、そして兄にさよならをいえなかったことをいつも嘆いた。現在は、心理療法士、言語療法士として働いている。

パコ・カミナール

彼は二九歳だった。サルバドールの処刑のあと、彼はオリオール・アラウと開いていた事務所を閉じた。ゼロからの再出発を余儀なくされ、一人で事務所を開いた。サルバドールの裁判のすぐあと、彼は政治的立場を明らかにしようと決断して、「カタルーニャ民主的集合体」という団体の創立メンバーの一人になった。一九九三年、バルセロナの弁護士会副会長に任命され、一九九六年七月、スペイン上院は彼を司法全体会議の理事に任命した。

オリオール・アラウ

彼は三一歳だった。刑事専門の弁護士として活動を続けたが、仕事はうまくいかなかった。一度も彼の人生が開けてくることはなかった。鮮烈な体験が彼を破壊してしまい、感情的にも、職業的にも彼を安定させることはなかった。サルバドールの姉妹やパコ・カミナールとの良好な関係はその後も続いたが、オリオール・アラウは脳腫瘍のため一九九〇年三月三日に死んだ。事実上、彼の命日は、サルバドールの死を悼む記念日と同じ日になった。彼の埋葬にはわずかな友人が参列しただけだった。

オリオール・ソレー・スグラニェス

彼は二七歳だった。ソレー・スグラニェス兄弟の長男は、一九七五年四月六日、セゴビアの刑務所から脱獄したとき、治安警察隊の発砲で死んだ。

イグナジ・ソレー・スグラニェス

彼は二五歳だった。サルバドールの処刑は一ヵ月前から亡命していたペルピニャンで知った。その後も、ある時期まで国際的なアナキスト運動のさまざまなグループとつながりがあった。フランス、ベルギー、イタリアから追放され、一九七六年にスペインに戻ってきた。一九七八年二月一三日、逮捕されて一年間刑務所で暮らした。出獄してからはレストラン経営とアンティークの商売に従事している。

ジョルディ・ソレー・スグラニェス

彼は二二歳だった。彼の処刑のあと、このソレー・スグラニェス兄弟の末っ子は《37年5月》の編集に携わり、スペインの、そして国際的なアナキストの複数のグループと協力した。一九七八年スペインに帰国し、その一年後、証明書偽造の罪で、かつて九ヵ月入ったことのある刑務所に戻った。現在は、彼自身の言葉によれば、山で隠遁生活をしているという。

ジュゼップ・ジュイス・ポンス・ジョベット

彼は一七歳だった。あの翌朝、四人の看守が彼を朝食に連れて行こうと独房に入ってきたとき、処刑の知らせを聞いた。のちにセゴビア刑務所からの脱獄に加わり、逮捕されて一九七七年七月までいることになるカルタヘナの刑務所に送られた。刑務所を出たあと、ジャーナリズムの勉強を始めたが、二年で止めた。ヘリコプターのパイロットになり、現在はそうした会社の社長をしている。

ジャン・マルク・ルジャン

彼は二二歳だった。サルバドールの死の二ヵ月後、彼はＧＡＲＩ（国際革命的行動グループ）を創設した。その初めの活動はパリのビルバオ銀行の支店長、バルタサル・スアレスの誘拐だった。一九七四年一二月に逮捕され、恩赦のおかげで釈放されることになった一九七七年まで刑務所にいた。刑務所から出るとすぐに、「直接行動」を創設した。フランスで数多くのテロ活動を主導して、一九八〇年に逮捕された。一年後、フランソワ・ミッテランが与えた大々的な恩赦に再び浴した。そして、ここからの新たな時期、「直接行動」はさまざまなテロ活動に実行し、その中でも、ルネ・オードラン将軍と、ルノーの会長、ジョルジュ・ベスの暗殺は関心を引いた。結局、一九八七年に再び逮捕された。そのときから、最も警戒が厳しい刑務所に収容されたままだ。

ジャン・クロード・トーレ

彼は二二歳だった。ジャン・マルク・ルジャンが歩いた道をたどり、ＧＡＲＩの構成員になり、「直接行動」にも参加した。一九八五年、自殺した。

サンティ・ソレー・アミゴー

彼は三〇歳だった。一九七六年まで刑務所にいた。そのあと、活発な知的活動を始め、多くの政治理論書を出版し、積極的に『アホブランコ』誌や『エル・ビエホ・トポ』誌に協力した。一九九九年に長い闘病の末に死んだ。

マリアン・マテオス

彼女は一六歳だった。二年半刑務所にいた。現在はアルツハイマーと認知症を専門とするソーシャルワーカーとして働いている。

マルガリーダ・ボウエ

彼女は二一歳だった。多くの人々に共通したことだが、彼女の親しい仲間の処刑は永遠に傷跡を残した。歌手ジュアン・イサークはサルバドールに捧げた一曲に彼女の名前を冠し、大ヒットさせた。マルガリーダは人生をやり直そうとした。現在は二人の子供の母親だ。六歳の息子と二〇歳の娘がいて、娘にはサルバドールの思い出にリベルター〔自由〕という名前を付けた。マジョルカ島の内陸部の小さな町で本屋に勤めている。

アントニオ・マネロ神父

彼は四五歳だった。あの夜に体験したことを、彼は決して話したがらなかった。現在はサント・ボイのサレジオ会修道士たちのマリア・アウシリアドーラ教区の指導者をしている。

ヘスス・イルーレ

彼は二三歳だった。サルバドールと知り合って、人生の理解の仕方が完全に変わった。政治的な意識を強く持ち、立場を明確にした。八〇年代、スペイン刑務所制度の腐敗を密告したということで取り調べを受けた。現在はイビサの刑務所の看守として仕事を続けている。

フランシスコ・フランコ

彼は八一歳だった。一九七五年一一月二〇日に死ぬことになるが、その前に彼は再び死刑を適用した。一九七五年九月二七日、ＦＲＡＰの三人の活動家とＥＴＡの二人の活動家の処刑を承認した。フランコは、数多くの慈悲の請願を受けながら、また再び頑なな側面を見せるようになった。

サルバドール・プッチ・アンティック

彼は二五歳だった。もし減刑されていたら、一九七七年と一九七八年に認められた恩赦に浴していただろう。たぶん三年以上は刑務所にいることはなかった。そして、一九七八年一二月六日、スペイン憲法がどのようにして死刑を廃止していったか体験することになっただろう。

【資料1】サルバドール・プッチ・アンティックが刑務所内で所有していた物品・書籍の目録

［これは、モデロ刑務所管理課が、一九七四年三月六日付けで遺族に送った「サルバドール所有物リスト」である］

一枚の毛布、格子柄
一足の靴
一足のサンダル
一対のシーツ
一枚のバスタオル
一着のセーター、白
一着のパジャマ、紫色
一枚のパンツ
一着のセーター、グレー
一着のセーター、青
一着のセーター、明るいグレー
一着のジーパン
一着のコーデュロイのズボン、黒
一着のシャツ、濃いグレー
一着のシャツ、青格子柄
一着のシャツ、白
四足のソックス
一着のナイキ、黒
一着のナイキ、茶色
一足のソックス
一着のメイバ、ピンク［メイバはスペインのサッカーウェアブランド］
一着のメイバ、水色
一着のメイバ、格子柄
一着の冬用Tシャツ
一着のTシャツ、白
二対の手袋
一枚のハンカチ、白
一枚のハンカチ
六箱のデュカドス［タバコ］
一箱の46
一個の石けんREXONA
一個のチョコレートDOLCA
一個のプラスティックの黒い洗面用バッグ

一個のプラスティックの黒い手提げバッグ
一本の浴用MOANA
一本のシャンプーGENIOL
一個のスポンジ
一本の櫛
一本の歯ブラシ
一本の歯磨き粉チューブNEODENS
一個の石鹸箱
一個のプラスティックのコップ
一個のプラスティックのケース（中に用紙、封筒、八枚の郵便切手、家族からの数多くの手紙）

書籍

精神分析入門
夢判断　三巻
大衆の心理学
夢判断への新たな貢献
新しい映画の問題
消え去ったアルベルティーヌ〔『失われた時を求めて』の第六篇〕
見出された時〔『失われた時を求めて』の第七篇〕
LA PUSIONIERE
嘆きと日々
精神分析とマルクス主義
孤立
コティレドニアへの旅
肖像画集
人間解放としての哲学
哲学と迷信
詩選集
アエネイス
イリアス
オデュッセイア
エデュカシオン・シコモトリス
身体の会話
ギリシャ語辞典
ラテン語辞典

【資料2】サルバドール・プッチ・アンティック年譜

一九四八　バルセロナに生まれる。中流家庭の六人兄弟の第三子。父のジョアキム・プッチはスペイン内戦時に共和国政府兵士として戦い、戦後、死刑を宣告されるが、最後の瞬間で恩赦に浴した。

一九五四　サージェ・ボナノバ校で、優秀な生徒だった兄キムと共に学び、常に比較されることになる。

一九五八　規律の問題が原因で放校となり、ポンページャ教会のカプチーノス修道会付属の少年聖歌隊の学校で学年を終える。ここで貧しい家庭の子どもたちと学ぶ。

一九五九　マタローのサレジオ会士の全寮制学校に入学。ここに一六歳まで在籍することになる。

一九六四　事務員としての仕事と、マラガイ高校の夜間の大学進学予備課程での勉強を両立させる。この学校で、武装闘争を共にすることになる将来の仲間と知り合う。

一九六七　サン・ジュゼップ・オリオール地区の「労働者委員会」における闘争が、彼の初めての政治活動となる。

一九六八　仕事を辞め、経済学部に入学する。フランスの五月革命の出来事が彼に大きな影響を与える。

一九七〇　兵役を務めるため、パルマ・デ・マジョルカに向かう。

一九七一　兵役から帰って、哲文学部に入学し、姉インマの家に住む。ＭＩＬ（イベリア解放運動）との方向性の一致が具体的に見えてきて、活動に加わる。

一九七二　グループは頻繁にフランス南部との間を行き来し、非合法闘争が始まる。主な活動は銀行の襲撃、車の窃盗、宣伝パンフレットの出版。

一九七三　グループの自主解散が決まる。警察は彼らを追い、サンティ・ソレーを逮捕し、サルバドール逮捕の作戦に彼を利用する。そのとき銃撃戦となり、サルバドールは重傷を負い、フランシスコ・アングアス刑事は死亡する。この事件で死刑判決が下る。

一九七四　さまざまな反対運動が起こり、オリオール・アラウとカミナール両弁護士の決してあきらめない努力があったにもかかわらず、三月二日朝九時四〇分、二五歳のサルバドール・プッチ・アンティックはバルセロナのモデロ刑務所でガローテ・ビル（鉄環絞首刑）によって処刑される。

訳者あとがき

訳者が初めてスペインに行ったのは一九八三年八月だった。サルバドールが殺されて一〇年、フランコが死んで八年後だった。まず行ったのはマドリードだった。そこで一ヵ月、小さな語学学校でスペイン語を学び、少々〝語学武装〟をして、一〇月、ピカソの青春の街ということで憧れていたバルセロナに向かった。

バルセロナの街で生活し始めて、まず驚いたことは、通りの標識があちこちでスプレーによって塗りつぶされていたことだった。フランコ時代に公の場所ではスペイン語（カステジャーノ）が強制されていたため、街の道路標識などは、当時まだスペイン語のものが多く残っていて、それを嫌う一部のカタラニスタ（カタルーニャ主義者）たちが、黒いスプレーで消しまくっていたのだ。まだバルセロナ〝初心者〟で、道に迷いまくっていた訳者は、「おいおい、消すなら、せめてカタラン表記を横に書いておいてくれよ」って何度思ったことか。でも、おかげで「消す」という意味の「タチャール」という動詞は、マトリクラールセ（入学する）、アルキラール（借りる）、ボラチャールセ（酔っ払う）と共にかなり早い時期に覚えることができた。

この物語の主人公、サルバドールがなぜ武力闘争に走ったのかということに関し、スペインの近現代史にあまり馴染みのない日本人には理解しがたい部分があると思う。もちろん、理由は一つではない。しかし、下地にはフランコの独裁政治があり、カタルーニャという地方が、カスティージャ地方のマドリード政権に長く支配され、政治的、文化的に自由を剥奪されてきた歴史があったことは確かだ。

この物語では何度か、刑務所でスペイン語が強制されるシーンが描かれている。姉インマは刑務所での始めての面会で、いきなり看守から「カステジャーノで話してください！」と言われる。妹カルマの初めての手紙もサルバドールには届かず、封筒に「カステジャーノで」と注意書きされて戻ってきた。当時のスペインでは、役所、学校、企業、マスメディアなど、公の場所でのカタランの使用は一切禁止されていた。それは、フランコ体制が実効支配の効率化をめざしてのことであり、市民戦争当時、フランコに対し徹底して戦ったカタルーニャへの報復でもあった。

刑務所はもちろん公の場所であり、看守たちにはカタルーニャ以外の出身者が多かったため、囚人たちを監視するにはどうしてもカステジャーノが必要であった。しかし、ある言語の強制は、ある言語を使わせないということ以上に、その背後にある人びとの文化や感情を奪うことであり、反抗する力を奪い取ることでもある。かつて日本も、植民地支配にこの手法を使っていた。

実際、少なくともこの時代、カタルーニャ人たちは大人であればほとんどがカステジャーノとカタランのバイリンガルであった。みんなカステジャーノも「母語」として理解し話せるのだ。しかし、生まれたときからカタランで話していた親兄弟と、いきなりカステジャーノで話せと言われれば、その戸惑いは大きい。例えば、地方で生まれ育った者が、親の病気見舞いに来て、いきなり標準語を使いなさいと強制されたら、その人は何を感じるだろうか。うまく気持ちを伝えられるだろうか。カタランは方言ではないが、インマが刑務所の面会で感じた戸惑いは少しそれに似て、その〝標準語〟がかつて血を流して戦った〝敵〟の言葉であれば、怒りは想像に難くない。

一つの重要なエピソードとして、サルバドールが礼拝堂で最後の手紙を書くとき、看守のヘスス・イルーレが予審判事に「最後の手紙くらいカタランで書かせてやってほしい」と頼むシーンがある。これは看守が〝上司〟に規則破りを認めてほしいと言っているわけで、尋常なことではない。ヘススとサルバドールの間に、すでに強い絆が育まれていたことを示唆すると共に、カタルーニャ人にとって、カタランという言葉が自らのアイデンティティを感じるためにいかに大事なものであるのかを訴えることにもなっていた。

そして、それを認める予審判事、ネメシオ・アルバレス中佐の存在も注目していい。サルバドールに死刑の論告を書き上げた軍人であり、まさに独裁者の手先の一人であるが、一人の人間を死に追いやりながら、その一方で自らの良心に戸惑いを感じていることを作者は見逃していない。彼は、独裁体制の中をうまく生き抜いてきた典型的な偽善者であるが、同時に、この物語りは彼を通して、独裁体制の中では、こうして自らの人間性を殺しながらしか生きていけない人が無数にいたのだということを仄めかしている。

スペインでは、一九三一年に第二共和制が布かれたあと、右派と左派の権力争いが繰り返されてきた。そして、一九三六年二月に左派の人民戦線勢力が国会選挙に勝利すると、七月、フランコを中心とした軍の反乱が起きる。一九三六年といえば、日本では二・二六事件が起きた年だ。共和国政府側は旧ソ連、メキシコ、そして数万人といわれる世界各国からの義勇兵に支えられて戦い、反乱軍はナチスドイツとイタリアからの支援で戦った。そして、この悲惨な「スペイン市民戦争」は、フランコ率いる反乱軍が一九三九年一月にバルセロナを、そして三月にマドリードを制圧し、終結する。フランコは八月に国家元首法を制定して自らが国家元首となり、独裁者の地位を固めていく。九月に勃発する第二次世界大戦に対しては、内戦による死者が数十万人にのぼっていたことや、国内の産業があまりに疲弊していたことで、フランコは中立を宣言するしかなかった。

この本では、内戦当時、サルバドールの父親が共和国政府側で戦い、戦後にフランコ側から一旦死刑判決を受けるものの、幸運にも恩赦に浴したとある。つまり、サルバドールは親子でフランコ体制から死刑を言い渡されたことになる。また、ジュゼップ・ジュイス・ポンスの父親は、一七歳でファシストの義勇軍「青い旅団」に参加し、第二次世界大戦中にナチスと共にロシア戦線で戦った経歴があるとされている。この二組の親子の人生は、ある意味、スペインの暗い現代史に、そして卑劣なフランコに翻弄された人生と言っていいだろう。

スペインはその後、一九七五年一一月にフランコが死に、彼に後継者と指名されていたファン・カルロス一世が国王に即位し、七七年には四二年ぶりの総選挙が行なわれて中道政権が誕生する。七九年には住民投票でバスクとカタルーニャの地方自治憲章が承認され、八二年の総選挙では社会労働党が政権を握る。

オリオール・アラウがサルバドールの弁護方針で、コンドミネスの「事件を非政治化していく手法」に疑問を感じ、非政治化は裁判官に対しては効果があるかもしれないが、人びとの裁判への関心を失ってしまうと危惧するところがあるが、このフランコ後の急速な民主化をみれば、それは当たっていた。ただ、確かにフランコ独裁末期のスペインはすでに多くの人びとが反体制であったものの、独裁者が忍ばせる恐怖の前に、人びとはじっと家の奥に潜み、サルバドールの処刑に対しても身動きできないでいた。作者が何度も人気のないバルセロナの夜の街を描写しているが、それは、間違いなくあの当時の人びとの心象風景でもあった。

この本は、不当な軍法会議により、一九七四年三月二日にバルセロナでガローテにより処刑された、サルバドールという二五歳の青年の物語である。原題は『クエンタ・アトラス』といい、英語にするとカウントダウンだ。サルバドールの処刑が《承認》されて、それが通達されてから処刑までの一二時間を彼がどう耐えたか、また、恩赦を求めて、残された時間を希望を捨てることなく、家族や弁護士たちがどう戦ったかが克明に描かれている。

そして、そのカウントダウンが終わった三月二日午前九時四〇分、「サルバドールの朝」は一瞬静寂を帯びるが、埋葬に立ち会おうと結集した千五百人の人びと、そして、その後の抗議運動は決して、この残虐なフランコ独裁体制を安穏とさせておかなかった。何故、サルバドールは殺されなくてはならなかったのか、何故、彼らは彼を殺さなくてはならなかったのか。この疑問が多くの人びとの心を揺さぶったとき、すでに始まっていたフランコへのカウントダウンが、確実に、多くの人びとの耳に響いてきた。

（文中、多くの地名、人名にカタラン、カステジャーノが混在している。訳文では原文に出てくる通りに、それぞれの言語の発音にできる限り近い形でカタカナに置き換えた。例えば、「ヘローナの営舎」「ジローナ通り」だが、ヘローナ、ジローナはカタルーニャのある一つの都市名で、それぞれカステジャーノ、カタランでの表記だ。また、ジュゼプ・ジュイス・ポンスは、訳者によってはジュゼップ・リュイス・プンスと表記するかもしれない。カタランにはいわゆる「あいまい母音」が存在するので、カタカナに置き換えるのは決して簡単ではない。私に明確な根拠があるわけではないが、ここでは前者のような表記にさせてもらった）

二〇〇七年九月四日

潤田順一

【著者紹介】
フランセスク・エスクリバーノ（Francesc Escribano）
1958年、ビラノバ・イ・ラ・ゲトルー（バルセロナ）に生まれた。バルセロナ自治大学（ベジャテラ）で、視聴覚コミュニケーション学準教授を務める。ジャーナリストとして新聞社やラジオ局でも仕事をし、1990年ごろから主にテレビで仕事するようになった。カタルーニャ語放送TV-3の『30分』という番組では放送開始当初からのスタッフの一人であり、8年間携わった。のちにジョアン・ウベダとともに再びTV-3で仕事をし、『市民』『カンガルー』『本当を言えば』『ジェネレーションD』『私生活とベルビチェ病院』などの番組の発案者となった。ペニンスラ出版からは『赤い大地の跣足派修道士――ペラ・カサルダリガ司教の生涯』（2000年）が出版されている。

【訳者紹介】
潤田 順一（うるた じゅんいち）
1952年東京生まれ。週刊誌などのフリーライター、スペイン語翻訳者。翻訳書に『発禁カタルーニャ現代史』（現代企画室、1990年、共訳）『マラドーナ！』（現代企画室、2006年）、著書に『勃興のベトナム』（中央経済社、1995年）などがある。

サルバドールの朝

発行　：2007年10月10日　初版第1刷2500部
定価　：2,200円＋税
著者　：フランセスク・エスクリバーノ
訳者　：潤田順一
装丁　：泉沢儒花
発行者：北川フラム
発行所：現代企画室
150-0031　東京都渋谷区桜丘町15-8-204
Tel. 03-3461-5082 ／ Fax. 03-3461-5083
e-mail. gendai@jca.apc.org
http://www.jca.apc.org/gendai/
印刷所：中央精版印刷株式会社

ISBN 978-4-7738-0709-7　C0036　Y2200E